济南市槐荫区人民检察院
济南市槐荫区教育局
济南市槐荫区关心下一代工作委员会／编著

中学版
ZHONGXUEBAN

未成年人

权益保护 与犯罪预防读本

WEICHENGNIANREN
QUANYI BAOHU
YU FANZUI YUFANG
DUBEN

山东城市出版传媒集团·济南出版社

图书在版编目（CIP）数据

未成年人权益保护与犯罪预防读本：中学版 / 济南市
槐荫区人民检察院，济南市槐荫区教育局，济南市槐荫区
关心下一代工作委员会编著. —济南：济南出版社，2019.1（2020.9重印）

　　ISBN 978-7-5488-3497-7

　　Ⅰ.①未… Ⅱ.①济… ②济… ③济… Ⅲ.①未成年
人保护法—中国—青少年读物 Ⅳ.①D922.7-49

中国版本图书馆CIP数据核字（2018）第281381号

出 版 人　崔　刚

责任编辑　史　晓

封面设计　侯文英

插　　图　吕一品

出版发行　济南出版社

地　　址　济南市二环南路1号　（250002）

印　　刷　济南鲁艺彩印有限公司

版　　次　2019年1月第1版

印　　次　2020年9月第2次印刷

成品尺寸　185mm×260mm　16开

印　　张　9.25

字　　数　113千

印　　数　21001-23000册

定　　价　48.00元

（济南版图书，如有印装错误，请与出版社联系调换，电话：0531-86131736）

编 委 会

前 言

亲爱的同学们：

首先，要祝贺你们生活在一个和平的年代，没有战争，没有饥饿，这是社会物质与文明发展带给你们的幸运。生活在这样一个时代里，你们衣食无忧，有着优越的受教育条件。在享受这些权利的同时，你们也背负着要让祖国在未来更加繁荣富强的重大使命，而实现这个使命的前提是你们要学会保护自己，进而让自己成长为一个身心健康的社会人。

联合国《儿童权利公约》规定，每一个儿童都有四项基本权利：生存权、受保护权、发展权和参与权。它将儿童的生命安全和身心健康发展放在首位，说明整个世界都注重保障你们的身心健康。所以，请你们牢牢地记住，不仅仅有父母、师长在保护你们，国家和社会也都在保护你们。

在我们国家，《中华人民共和国宪法》《中华人民共和国未成年人保护法》《中华人民共和国义务教育法》《中华人民共和国妇女儿童权益保障法》《中华人民共和国民法典》等都在不同层面上使你们的各种权利得到保障。比如《中华人民共和国宪法》规定，中华人民共和国公民有受教育的权利和义务，国家保障青年、少年、儿童在品德、智力、体质等方面全面发展。

作为国家和社会未来主人的你们，也有义务学会使用法律，学会一些基本的自护技能，保护自己不受侵害，从而健康地成长。比如，当你的受教育权利受到侵害时,你要知道《中华人民共和国宪法》和《中华人民共和国义务教育法》可以保障你受教育的权利。当你的身心受到威胁时,例如被无良少年胁迫做你不愿意做的事情时,你要知道《中华人民共和国刑法》和《中华人民共和国未成年人保护法》可以保障你的身心安全不受侵犯。

虽然法律处处在保护着你的安全,但前提是你要懂得法律,学会求助,不要因为害怕受到更大的危害就缄默不语,这样反而会助长不良分子的气焰。老师、父母、法律援助人士等都是你可以求助的对象。要及时让成年人知道你的处境,才能得到法律的及时保护。除此之外,你也要学会一些自护技能,比如经常锻炼身体,保持强健的体魄,让自己有自我保护的能力;要有足够的自信,当受到威胁时敢于大声地拒绝;更要有足够的智慧,识别一些潜在的危险,来躲避一些不必要的伤害。如果你现在还不知道法律如何保护你,以及不知道该如何提高自护的技能,那么请仔细阅读这本书吧,它会告诉你答案的。

还有更重要的一点同学们必须知道,受法律保护是你们的权利,但遵守法律的规定也是你们的义务。比如,你们有义务按照《中华人民共和国义务教育法》的规定在学校接受9年的义务教育;你们有义务遵守《中华人民共和国道路交通安全法实施条例》,年满12周岁才能骑自行车上学,年满16周岁才可以骑电动车上学。这是根据你们的身心发展特点及对突发状况的处理能力而做出的规定。

亲爱的同学们,权利与义务是相对应的,只有在享受权利的同时,履行法律规定的义务,你们才能真正健康地成长。祝福每一位同学都能够在法律的保护下安全地、快乐地生活,成长为国家的栋梁之材。

编　者

2018年10月

contents
目录

第一讲　生命不能重来

2015年6月9日晚，贵州省某市的兄妹四人在家中集体服毒自杀。大儿子张某某留有一份遗书，大概内容为："谢谢你们的好意，我知道你们对我好，但是我该走了。这件事情其实计划了很久，今天是该走的时候了。"

张某某一家兄妹四人，先是妈妈受不了家里的贫困，离家出走，然后是爸爸离家打工挣钱，想养活四个孩子。从此，家里就开始了哥哥照顾三个妹妹的生活。此时，哥哥也仅有13岁。

四兄妹自从爸爸离家之后，就过着原始人一般的生活：家里边从不收拾，衣服几个月都不洗，家里的恶臭味让别人无法踏足其中。爸爸给了四兄妹中的哥哥一张银行卡，村里也有低保，但哥哥从不动用这些钱为妹妹们改善一下生活，只是将妹妹们关在家里，让她们吃那些发霉的玉米。

孩子们的外祖父母就住在本村，但是即使他们路过张某某的家门，也不会进去瞧一眼。这也让人百思不得其解。

哥哥原是班级的优等生，学习勤奋，但由于要照顾三个妹妹，他学习的时间变少了。5月8日，不知由于什么原因，张某某突然辍学；在同一天，他的两个妹妹也一并辍学。四兄妹中最小的妹妹尚未入学，当时只有5岁。

在得知情况之后，学校的领导和老师先后到过他家6次，劝他回校上课。但张某某倔劲儿上来了，死活不回校，老师们也只得作罢。

兄妹四人都是性格内向的孩子，从不与他人多说话；辍学之后，他们整天就是闷在家里。

6月9日的晚上，不知什么原因，在张某某留下遗书之后，兄妹四人集体喝了农药自杀。

当有人发现的时候，他们早已死去多时。

法律讲堂

如此鲜活的四条生命，就这样如流星一般陨落。该是多么深的绝望，才让哥哥做出如此残忍的决定：不仅自己自杀，也让不谙世事的妹妹跟着自己一起死去。要知道四兄妹中最小的妹妹只有5岁，她甚至连生命和死亡是什么都还不知道。

同学们，让我们从法律的角度来解读这件事情。故事中，孩子的父母已经侵犯了他们作为未成年人最基本的生存权。未成年人指的是未满18周岁的公民。正在读

书的你们都还是未成年人，下面所提到的法律条文都涉及对你们的保护。

生存权包括生命权、健康权和医疗保健获得权。

> 联合国《儿童权利公约》把未成年人的生存权放在第一位，因为有生命才有其他的一切。《儿童权利公约》第六条规定："缔约国确认每个儿童均有固有的生命权。缔约国应最大限度地确保儿童的存活与发展。"
>
> 《中华人民共和国宪法》第三十三条第三款规定："国家尊重和保障人权。"第四十九条第三款规定："父母有抚养教育未成年子女的义务。"
>
> 《中华人民共和国未成年人保护法》第十条第一款规定："父母或者其他监护人应当创造良好、和睦的家庭环境，依法履行对未成年人的监护职责和抚养义务。"

首先，根据以上相关法律的规定，当一个独立的生命来到这个世界时，父母或者其他监护人就不得以任何理由不履行其对未成年子女的抚养义务，不能因为子女有残疾或者因为有重男轻女的思想等而遗弃子女。

如果同学们有看新闻的习惯，或许就会记得2016年有一件轰动一时的奶奶杀死出生4天孙女的案件。案例中的奶奶因为有重男轻女的思想，很想要个孙子，就残忍地杀害了自己的亲孙女。事后，虽然当地有群众为她求情，但她仍以故意杀人罪被判刑10年。这个案例说明未成年人的生存权受法律的保障，即使是新出生的婴儿也有生存权，没有任何人可以以任何理由结束他们的生命。

开篇故事中的四兄妹，最大的只有13岁，兄妹四人皆为未成年人。张某某的母亲因为贫穷而离开，不再抚养孩子，这就是遗弃。而张某某的父亲在孩子未成年的情况下，让他们独立生活，则是放弃了对孩子的抚养义务。虽然他给孩子们寄钱，但监护权有一个非常重要的方面是保障孩子们的生命安全。不在孩子身边的父母如何保障孩子的生命安全呢？

其次，当未成年人患有疾病时，父母有责任为子女提供医疗保障，并进行尽可能好的照料，让孩子尽快恢复健康。即使孩子患有比较严重的疾病，父母也有义务为孩子进行治疗。除去身体健康这一层面，健康权还包括心理健康的层面。父母要与孩子建立良好的关系，解决孩子的心理困惑，并帮助孩子养成良好的行为习惯，让孩子成长为一个健康的社会人。当未成年子女发生心理疾病时，父母不得嫌弃，应为孩子寻找合适的方法进行治疗。

其实，大部分父母都是爱孩子的。李连杰演过一部电影叫作《海洋天堂》。剧中，李连杰饰演了一位父亲，他的儿子患有自闭症。这是一种无法根治的疾病，患者基本无法跟别人进行正常的交流。但剧中的父亲极爱自己的孩子，他利用各种方式帮助孩子进行康复训练。当父亲知道自己患了癌症，不久即将离开人世的时候，他开始狠心地训练孩子的自立能力，以保证在他去世后，孩子能够继续独立地生存下去。父亲去世后，孩子在父亲生前工作过的海洋馆获得了一份打扫卫生的工作。剧中的父亲就是利用这样一种让人感动的保护方式来保障孩子的生存权。

最后，请同学们牢牢记住，生存权是你们最基本的权利，任何人都不能以任何理由去剥夺它，包括你自己。

知心信箱

亲爱的同学们：

法律之所以把生存权放在第一位，是因为生命不能重来。我们拥有生命的时候，可以听鸟语、闻花香、看绿树，去触摸一切可以接触到的东西，生命就是一份上天馈赠的可以让我们体验自然万物的礼物。正因为有体验，有情感，我们才可以走一段充满喜怒哀乐的人生，体验到痛苦与幸福。

　　如果你是一个有志向的青少年，生命还可以让你不断地追求自己的梦想，为社会贡献出自己的力量；而如果生命不存在，这一切都将成为泡影。

　　因此，保障未成年人生存权不仅是父母或者监护人应该履行的责任与义务，也是我们自己的责任。我们要为自己的生存而努力保护自己，进而成就自己。

　　生命如此宝贵，我们要尽自己最大的努力来呵护它。然而，有一些人，他们视生命如草芥，甚至煽动青少年自杀。

　　"蓝鲸"是一款发源于俄罗斯的死亡游戏，曾因煽动多名青少年自杀而引起关注。这款游戏的发源地是俄罗斯最大的社交网站VK。当一位想参与的年轻人在社交网站上发布特定的标签或者参与特定的群组后，会有活动的组织者来和参与者联系，要求参与者完成列表上的所有项目。这些项目中简单的有"一天不和任何人说话"。稍微进阶一些的有"自残"，例如，在自己的腿上划几道口子；还有每天早上4点多起来看恐怖电影等。最后的项目就是挑选合适的时候自杀。

　　现在，作为这个游戏开始的地方——俄罗斯最大的社交网站VK，已经屏蔽了某些话题和小组。但即使是这样，也很快就有130名俄罗斯青少年在它的诱导下自杀了。尽管在2017年5月"蓝鲸"发明者Philipp入狱，俄罗斯开始严打"蓝鲸"死亡游戏，但是这个游戏还在向全世界扩散。

　　这款游戏借由网络，从俄罗斯传到世界上其他国家。包括英国、阿根廷、墨西哥等在内的多个国家，都针对此游戏发布警告。

　　更加令人揪心的是，一些自杀事件还被拍成视频，发布到VK上。死者遗体的照片、沾满血迹和脑浆的衣物，甚至死前的聊天记录都在VK的一些特殊群里有着极高的地下交易需求。自由欧洲电台的记者还发现，如果想成为"蓝鲸"游戏的管理者，只需缴纳60欧元即可。这也说明，一例例青少年自杀事件的背后，是不法分子对金钱的贪婪。

　　热爱生命的你一定要提高警惕,任何能够威胁到你生命健康的游戏或者其他活动,都要屏蔽它,远离它。

　　与此相反,也有这样一些人,他们不仅爱护自己的生命,而且也非常珍惜他人的生命,并为此付出不懈的努力。

　　美国有一个平凡而又不平凡的小姑娘,她的名字叫凯瑟琳。

　　2006年4月初的一天,5岁的凯瑟琳在看电视时,电视画面中出现了一幅悲惨景象——烈日当空、沙尘障目,在非洲普通村落一棵干枯的杧果树下,有一座红土堆成的新坟,一个14个月大的女孩就葬在那里,她两天前死于疟疾。小女孩的父亲悲痛欲绝地描述道:"她发高烧,不停地哭,吐胆汁,全身抽搐……"

　　PBS电视台的这部非洲纪录片讲述的是非洲一种叫疟疾的疾病,每年都会杀死80多万个非洲孩子,算起来大约每40秒钟就会有一个非洲孩子因疟疾而死亡。凯瑟琳蜷缩在沙发上扳着指头数起数来。当她数到40,眼里露出了一丝惊恐:"妈妈,又一个非洲孩子死了。我们必须做点什么!"

　　通过妈妈上网查询,凯瑟琳知道了有一种防蚊虫的蚊帐可以帮助非洲的孩子们。从这天开始,凯瑟琳就开始利用各种方式为非洲的孩子们募捐蚊帐:省下自己的零花钱;到跳蚤市场卖旧货;制作卡片奖励捐款的人;一有机会就为人们演讲。

　　她甚至自己写信给比尔·盖茨,信中这样说:"亲爱的比尔·盖茨先生,没有蚊帐,非洲的小孩会因为疟疾死掉,他们需要钱,可是钱在您那里……"

　　2007年11月5日,比尔·盖茨基金会为"只要蚊帐协会"捐款300万美元。第二天,妈妈琳达接到了"只要蚊帐"组织者乔治的电话。他激动地对琳达说:"比尔·盖茨基金会的人说,凯瑟琳通过一张证书联系到了他们,来的信上面好像说给非洲孩子买蚊帐的钱都在盖茨那里,他们想不拿出来也不行……"这句话讲完,电话两边的乔治和琳达都哈哈大笑起来。

到2008年，仅凯瑟琳自己就筹够了6万美元，可以买6000顶蚊帐——足够拯救近2万人。这时候，她仅仅是个一年级的小学生。没有人相信一个小女孩竟用一个平常人的力量改变了残酷的现实。事实证明，有爱心，有行动，人人都能成为拯救生命的英雄。

这个故事告诉我们，人人都有生存权，不管你是贫穷者还是富贵者，不管你是健康者还是患病者。我们不仅可以保护自己的生存权，还可以为别人的生存权付出一份努力，从而让自己的生命更有价值。生命的最高意义就在于热爱生命，向着自己的目标不断奋勇向前。唯有如此，你才能欣赏到生命历程中最壮丽的风景。

实践活动

1. 当你发现有一群人拿着刀子或者棍棒等殴打你的同学，他的生命正在受到威胁的时候，你有什么办法既能保护自己，又能拯救自己的同学呢？

2. 你热爱自己的生命吗？你希望度过怎样的人生？

课外
加油站

生存权是中国人民长期争取的首要人权

对于一个国家和民族来说，人权首先是人民的生存权。没有生存权，其他一切人权均无从谈起。这是最简单的道理。《世界人权宣言》确认，人人有权享有生命、自由和人身安全。在旧中国，由于帝国主义的侵略、封建主义和官僚资本主义的压迫，人民的生命毫无保障，因战乱饥寒而死者不计其数。争取生存权利历史性地成为中国人民必须首先要解决的人权问题。

国家不能独立，人民的生命就没有保障。危害中国人民生存的，首先是帝国主义的侵略。因此，争取生存权首先要争取国家独立权。在1840年鸦片战争以后，中国一步一步地由一个封建大国沦为半殖民地半封建社会的国家。从1840年到1949年，英、法、日、美、俄等帝国主义列强先后对中国发动过大小数百次侵略战争，给中国人民的生命财产造成了不可估量的损失。

——帝国主义者在多次侵略战争中，大规模地屠杀中国人民。1900年，八国联军烧杀抢掠，将5万多人的塘沽镇变成空无一人的废墟，使有着100万人的天津在烧杀之后仅存10万人；进入北京后，杀人不计其数，仅在庄王府一处就杀死1700多人。在1937年开始的日本帝国主义全面侵华战争中，中国有2100余万人被打死打伤，1000余万人被残害致死。其中，在1937年12月13日后的6个星期内，日本侵略军在南京就杀害了30万人。

——帝国主义强迫中国签订了1100多个不平等条约，对中国的财富进行了大规模的疯狂掠夺。据统计，近百年来，外国侵略者通过不平等条约掠去战争赔款和其他款项达白银1000亿两。而日本仅通过《马关条约》勒索的赔款就达2.3亿两白银，相当于当时日本国家财政四年半的收入。日本全面侵华战争期间（1937~1945年），中国有930余座城市被占领，直接经济损失达620亿美元，间接经济损失超过5000亿美元。国家主权丧失，社会财富遭洗劫，中国人民失去了最起码的生存条件。

面对国家主权的沦丧和人民生命的浩劫，中国人民为救亡图存，争取国家独立，同外国侵略者进行了一个多世纪不屈不挠的斗争。在这期间，中国爆发了太平天国运动、义和团运动以及推翻封建清王朝的辛亥革命。这些革命运动虽然沉重地打击了帝国主义在中国的势力，但终究没能使中国摆脱半殖民地的地位。直到中国共产党领导全国人民推翻了国民党的反动统治，建立了中华人民共和国之后，这种状况才发生根本的改变。

中华人民共和国的建立，标志着中国铲除了帝国主义、封建主义和官僚资本主义势力，结束了中国100多年来任人宰割、受尽欺凌的屈辱历史和长期战乱、一盘散沙的动荡局面，实现了中国人民梦寐以求的国家独立和统一。占人类人口总数近四分之一的中华民族再也不是侵略者可以任意屠杀侮辱的民族，中国人民以国家主人的姿态站立起来，第一次真正享有了应有的人格尊严，赢得了全世界的尊重。中国人民的生命安全从此获得了根本保障。

（摘编自 http://www.docin.com/p-437504227.html）

第二讲　请别忽视我

广西隆林德峨镇的孩子杨某，6岁时父亲去世，母亲带着弟弟改嫁，他只能与年老的爷爷奶奶一起生活。

懂事的他每天帮邻居放牛，干农活。

虽然生活艰苦，但他没有太多埋怨，自力更生，自食其力。只有在晚上想起母亲才会独自流泪。

在公众的帮助下，他终于和母亲相聚，懂事的他把平时在河边钓的舍不得吃的小鱼当作礼物送给妈妈。

广西隆林德峨镇的孩子杨某，6岁时父亲去世，母亲带着弟弟改嫁，只剩下他与年老的爷爷奶奶一起生活。随后不久，爷爷奶奶相继去世。杨某被接到了堂哥家。堂哥常年外出打工，杨某便只能独自生活。他每年只能靠堂哥寄来的500块钱维持生活。

杨某独自居住在空房子里，懂事的他每天帮邻居放牛，干农活。放牛时，他只给自己煮半碗饭，拔野菜就着饭吃。多年来，山上的野菜都吃遍了。在外放牛吃饭时，忘记带筷子，便随地折取树枝作为筷子。想给自己改善生活时，便去溪边用自己自制的塑料瓶捕小鱼，作为自己的肉菜。被大山环绕的水库是杨某天然的游泳池，他用树叶做毛巾，用洗衣粉来洗头。衣服破了，便自己拿针线缝补。

虽然生活艰苦，但他没有太多的埋怨，自力更生，自食其力，只有在晚上想起母亲时才会独自流泪。记者采访他时，问他是否有话对离开的妈妈说，他摇头："不想说，因为我怕妈妈不要我了。"

杨某的事件得到社会的广泛关注。在公众的帮助下，他和妈妈相聚，懂事的他把平时在河边钓的舍不得吃的小鱼当作礼物送给妈妈。

6岁本该是被父母捧在手里呵护的年纪，本该是和玩伴嬉笑打闹、无忧无虑的年纪，但杨某却早早体会到了失去亲人的痛苦，早早学会了自力更生、自食其力。

好在杨某的情况引起了当地政府的关注，杨某得到了来自社会各界的关心和援助。当地政府针对杨某的家庭状况，给予财政补贴。来自深圳某书院的两名义工，将杨某接到深圳，并由该学校资助杨某读书。杨某还收到来自全国各地的捐款。现在，杨某已经平静地在一所中学里读书，并且改了名字，以避免受到干扰。因为社会的广泛关注和帮助，杨某的受保护权才得以实现。

杨某的母亲健在，并且具备监护能力，所以杨某的母亲是杨某法律上的监护人。但她弃杨某而去，将杨某交给他的堂哥照顾，对杨某疏忽照料，侵犯了杨某的受保护权，未尽到一个监护人应尽的职责，违反了法律。

受保护权是联合国《儿童权利公约》中规定的儿童最基本的权利之一。它是不受危害自身发展影响的、被保护的权利，包括保护儿童免受歧视、剥削、酷刑、虐待或疏忽照料，以及对失去家庭的儿童和难民儿童的基本保证。

《中华人民共和国民法典》第二十七条第一款规定："父母是未成年子女的监护人。"也就是说，只有父母死亡或没有监护能力时，才能由有监护能力的祖父母和外祖父母等担任监护人。

更让人痛心的是贵州毕节市的五个孩子。2016年11月16日，在贵州毕节市的一个垃圾箱里，人们发现了五个永远睡去的孩子。

曾经，那五个穿着脏衣服的孩子，用他们那冻伤的双手紧紧地抱着自己。"哥哥，我好冷。"哥哥低头看看瑟瑟发抖的弟弟，帮弟弟紧了紧身上那连拉链也坏了的衣服，眼角的泪水早已被寒风吹干。"再忍忍。看，那有个垃圾箱，我们去那里面点上火暖和暖和。"

几个孩子依偎在垃圾箱内的火堆旁取暖，可垃圾箱内的烟却越来越浓。不久，这五个孩子便被熏得口吐白沫，想要呼喊救命，可是周围没有人。就这样，这五个孩子被烟熏得永远睡去。

因家境贫寒，这五个孩子的父母外出打工，孩子们成了无依无靠的留守儿童。脱离家长的管教，孩子们学习成绩也不好，他们厌学、辍学、流浪街头，以致搭上了鲜活的生命。

《中华人民共和国未成年人保护法》第十条第一款规定："父母或者其他监护人应当创造良好、和睦的家庭环境，依法履行对未成年人的监护职责和抚养义务。"

案例中这五个孩子的父母外出打工，留下孩子独自在家，忽视了对孩子的照顾，没有保障孩子的受保护权。

下面这个案例中的小东，他的妈妈虐待他，也侵害了他的受保护权。

爸爸妈妈离婚后，小东跟着妈妈生活。小东考试没考好，被妈妈拿着戒尺打。小东哭着跪倒在地上认错。可妈妈依旧一边说着一边用戒尺抽打，并用脚踹小东，小东的身体被抽打得通红。妈妈把小东拖进厕所，把小东的头塞进马桶里。年幼的小东赤裸着躺在厕所的地上，奄奄一息。

小东的遭遇值得我们深思。我们要明确语言、肢体暴力与批评惩罚的区别。语言暴力，使用的是蔑视、诋毁、嘲笑、谩骂等侮辱歧视性的语言，使人在精神和心理上受到侵害。小东的妈妈用戒尺打骂小东，把小东的头摁在马桶里等行为就属于语言暴力和肢体暴力。

批评惩罚则不同，它讲求"度"，出发点是关爱。父母和老师通过批评惩罚希望我们能纠正自己的错误，及时悬崖勒马，走上正途。批评惩罚不会采用暴力及使用侮辱性的语言。

面对父母和老师的批评惩罚时，即使情绪不好也不要对父母和老师用侮辱性的语言发泄。因为侮辱性的语言不仅不能解决问题，反而会加深与父母和老师之间的矛盾。

而遭遇暴力时，我们有权利维护自己的受保护权。

案例中的小东有权向居委会或者妈妈的单位提出申请变更监护权，也有权利申请给予妈妈法律上的制裁。小东的母亲最终被法院以虐待罪判处有期徒刑2年，缓刑2年。

联合国《儿童权利公约》第十九条第一款规定："缔约国应采取一切适当的立法、行政、社会和教育措施，保护儿童在受父母、法定监护人或其他任何负责照管儿童的人的照料时，不致受到任何形式的身心摧残、伤害或凌辱，忽视或照料不周，虐待或剥削，包括性侵犯。"

《中华人民共和国民法典》第一千零四十二条第三款规定："禁止家庭暴力。禁止家庭成员间的虐待和遗弃。"

我们生活在一个法治的社会，我们的受保护权不仅受到来自家庭的保护，更受到来自学校、政府和社会的保护。

作为子女，我们体谅父母不得不离家外出打工的无奈，但这不能成为父母忽视孩子、不好好履行监护职责、侵犯我们受保护权的理由。

当我们的受保护权受到侵害时，我们应勇敢地拿出法律武器维权。

知心信箱

亲爱的同学们：

看过杨某催人泪下的事例，再对比一下我们现在的生活，你是否发现两者之间有着天壤之别？当杨某孤单一人住在摇摇欲坠的空屋子里的时候，你是否住在温暖的房子中，被父母捧在手心里？当他为饱腹而上山放牛吃野菜，下河捕鱼时，你是否因为父母做的饭菜不合胃口而挑剔？

杨某面对艰苦的环境，依旧保持一颗乐观的心，我们又有什么理由不珍惜我们现在的生活呢？

孟子曰："故天将降大任于斯人也，必先苦其心志，劳其筋骨，饿其体肤，空乏其身，行拂乱其所为，所以动心忍性，曾益其所不能。"如果你生活在和杨某一样的环境中，请你相信这是上天对你的一种磨炼；也请你相信这个社会没有遗弃你，这个社会还有无数的好心人愿意伸出手帮助你，只要你发出呼声。

"天行健，君子以自强不息。"当我们遇到困难，受到伤害时，我们要学会自强，学会用法律的武器保护自己。

同学们，我们的受保护权不可侵犯，同样，他人的受保护权也不可侵犯。法律保护我们的权利，但并不意味着我们可以为所欲为。当我们侵犯他人合法权利时，我们同样要受到法律的制裁。

北京市某小学的小天是一个活泼开朗的孩子，但不幸的是，他一出生病魔便如影随形。小天的妈妈是一名山区的支教老师。她为了给一名受伤的学生献血，不幸染上了艾滋病。不久，小天的妈妈便发现怀孕了。对小天的妈妈来说，小天是上天对她的恩赐，更是她活下去的理由。

"老师，小天不能和我们的孩子在一个教室里上课，万一他把艾滋病传染给我们的孩子怎么办？"

"对呀，让小天退学，我们的孩子可不能得上艾滋病！"老师的办公室外挤满了要小天退学的家长。

"妈妈，为什么那些叔叔阿姨不喜欢我？为什么小朋友都不跟我玩？"

妈妈用满含泪水的眼睛看着小天，轻轻抚摸着小天稚嫩的小脸。"孩子，是妈妈对不起你，愿来生你是一个健康可爱的孩子。孩子，喝吧，喝了就不会再有人躲着你，你就会去一个新的世界，那里会有很多的小朋友跟你玩。"说着，妈妈和小天一起喝下了毒药。小天在妈妈的怀里，和妈妈一起安静地永远睡去。

是什么逼死了小天和他的妈妈？是来自他人的冷漠的眼神和无情的歧视！也正是这无情的歧视侵害了小天的受保护权。同学们，如果小天是你的同学，你会跟他一起玩，还是会远远地躲着他？

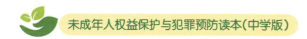

有时候，冷漠的眼神、冰冷的语言比暴力的拳头更能伤害他人。

无论男女，无论高低贵贱，无论健康疾病，作为未成年人的我们都享有受保护权，都应受到来自父母、学校、社会的保护。

当我们的受保护权受到侵犯时，我们可以向居委会、村委会等，或向社会公益组织寻求帮助，也可以向法院提起诉讼。任何侵犯我们的受保护权的人和组织都应受到应有的惩罚。

1. 张丽的父母常年在外打工，只留她独自一人在家，没有人照顾，她的受保护权得不到保障。如果是你，你该怎么办？

2. 小李天生残疾，腿脚不便，常受到别人的歧视和嘲笑。他该怎么办呢？

用法律维护自己的受保护权

丽丽今年14岁，父母离婚后，法院将她的抚养权判给了父亲王某。父亲从事保险推销工作，几乎每天晚上都有应酬，总是很晚才回家，从不关心丽丽的学习和生活；喝醉酒后，总是对丽丽又打又骂。

有一天，王某喝得醉醺醺地回到家里。丽丽放下手中的作业，给爸爸倒了一杯水。爸爸却把杯子摔在地上，并把丽丽推倒在地，对她拳打脚踢。他拿来丽丽的作业，将作业本撕得粉碎。"女孩子家读什么书，早晚要嫁人，读书只会浪费我的钱！从明天开始，你就不用去上学了，去工厂打工！"

丽丽多次求爸爸让她继续上学，爸爸却以没钱为由，不让丽丽继续回去上学。

丽丽之前在学校学过一些关于保护未成年人的受保护权和受教育权的法律知识，所以丽丽想到用法律来保护自己。

丽丽向妇女联合会寻求帮助。妇女联合会的工作人员在了解了丽丽的情况后，多次对她的父亲做思想工作。丽丽的父亲答应让丽丽回学校继续上学，并保证不再打骂丽丽。

虽然丽丽通过非诉讼手段让爸爸答应不再打骂她，并让她回学校学习，但是丽丽的爸爸只是口头答应，并未兑现。丽丽又向妇联求助，爸爸却说："我没有钱，上什么学！"

丽丽与母亲商议，并在妇联的帮助下，向法院提起诉讼。丽丽虽不追究爸爸虐待儿童的罪责，但请求法院将自己的抚养权转移给妈妈，并且要求父亲承担抚养费和教育费。

丽丽运用所学的法律知识，通过非诉讼和诉讼的手段维护了自己的受保护权和受教育权。所以，当我们的受保护权受到侵害时，不要忍气吞声，要向丽丽学习，勇敢地拿起法律武器保护自己。

第三讲　请让我得到全面的发展

　　"你看看李阿姨的儿子小东，每天学到晚上10点，周六周日也不歇着，报了好几个辅导班。再看看你，整天就知道出去打球，画漫画，怪不得你的成绩不如人家！"小冉是北京某重点初中的一名学生，父母对他的学习盯得很紧，天天拿别人家的孩子跟他比。

小冉从小喜欢打篮球，喜欢在球场上痛痛快快地奔跑，喜欢在球场上挥汗如雨的感觉，享受投篮成功时的快乐。小冉也喜欢画漫画，喜欢编织故事，在一笔一画中享受创造的喜悦。可是妈妈却满眼只有学习成绩。

"妈妈，只学习好也不行啊，我还要全面发展啊。再说了，画漫画能缓解我的学习压力，打球还锻炼我的身体呢。"小冉很不高兴。

可是，妈妈一直严守着小冉。每天放学后，小冉除了做完老师布置的作业，还要做父母给找来的各种习题。小冉开始反抗了。

他磨蹭着不写作业，偷偷画漫画，周日不回家。

可是，这也不是办法啊。后来，小冉鼓起勇气，向老师表达了自己的想法，希望能通过老师的帮助，为自己争取全面发展的权利。

老师见到了小冉的妈妈，详细地向妈妈说明了全面发展是孩子的权利。小冉的妈妈认真反思自己的教育方式，开始尊重小冉画漫画、打篮球的爱好，后来甚至到球场上为小冉呐喊助威。

小冉重返球场，并继续着自己的漫画之旅，还组织了一场漫画比赛。可喜的是，妈妈发现小冉的学习成绩反而在上升，而且孩子也越来越快乐。

对未成年人的教育不仅仅要重视对其进行知识的传授，更要重视其全面发展。发展权是指未成年人拥有充分发展其全部体能和智能的权利。在联合国《儿童权利公约》里，发展权主要指获得有利于身心健康的信息权、受教育权、娱乐权、文化与社会生活的参与权、思想和宗教自由、个性发展权等。其主旨是要保证儿童在身体、智力、精神、道德、个性和社会性等诸方面均得到充分的发展。

小冉的妈妈起初过度强调成绩，剥夺小冉打球的爱好，这些所作所为忽视了小冉的德智体美劳全面发展，更侵犯了小冉未成年人发展权中的娱乐权、个性发展权及文化与社会生活的参与权。

联合国《儿童权利公约》第六条第二款规定:"缔约国应最大限度地确保儿童的存活与发展。"

联合国《儿童权利公约》第三十一条规定:"1.缔约国确认儿童有权享有休息和闲暇,从事与儿童年龄相宜的游戏和娱乐活动,以及自由参加文化生活和艺术活动。2.缔约国应尊重并促进儿童充分参加文化和艺术生活的权利,并应鼓励提供从事文化、艺术、娱乐和休闲活动的适当和均等的机会。"

联合国《发展权利宣言》第一条第一款规定:"发展权利是一项不可剥夺的人权。由于这种权利,每个人和所有各国人民均有权参与、促进并享受经济、社会、文化和政治发展。在这种发展中,所有人权和基本自由都能获得充分实现。"

我国也有许多保护未成年人发展权的法律,比如《中华人民共和国未成年人保护法》第一章第一条规定:"为了保护未成年人的身心健康,保障未成年人的合法权益,促进未成年人在品德、智力、体质等方面全面发展,培养有理想、有道德、有文化、有纪律的社会主义建设者和接班人,根据宪法,制定本法。"

《中华人民共和国未成年人保护法》第十七条规定:"学校应当全面贯彻国家的教育方针,实施素质教育,提高教育质量,注重培养未成年学生独立思考能力、创新能力和实践能力,促进未成年学生全面发展。"

同学们,以上法条告诉我们,作为未成年人的我们,享有参加与我们年龄适宜的游戏和娱乐活动,以及参加文化和艺术生活的权利。国家在法律层面强调注重对未成年人的素质教育,保护未成年人全面发展的权利。

然而,侵犯未成年人发展权的事情不仅仅发生在小冉一个人身上,下面让我们一起来看看另一个事例。

　　小雪从小生活在云南文山一个偏僻的山村，今年16周岁。16周岁本是在学校读书的年纪，可是小雪的父母却强迫她辍学，远嫁给河南商丘一个比她大15岁的从未谋面的人。

　　"爸爸，求求你，我想跟其他同学一样继续上学，我不想嫁人。"

　　"女子无才便是德，女孩子根本不用上学！再说，我都收了人家17万元的彩礼，你必须嫁！"

　　同学们，当我们遇到像小雪这样的事情时，该如何用法律保护自己？

　　《中华人民共和国未成年人保护法》第十三条规定："父母或者其他监护人应当尊重未成年人受教育的权利，必须使适龄未成年人依法入学接受并完成义务教育，不得使接受义务教育的未成年人辍学。"

　　《中华人民共和国义务教育法》第四条规定："凡具有中华人民共和国国籍的适龄儿童、少年，不分性别、民族、种族、家庭财产状况、宗教信仰等，依法享有平等接受义务教育的权利，并履行接受义务教育的义务。"

　　《中华人民共和国义务教育法》第五条第一款、第二款规定："各级人民政府及其有关部门应当履行本法规定的各项职责，保障适龄儿童、少年接受义务教育的权利。适龄儿童、少年的父母或者其他法定监护人应当依法保证其按时入学接受并完成义务教育。"

　　《中华人民共和国妇女权益保障法》规定，国家保护妇女的婚姻自主权，禁止干涉妇女的结婚、离婚自由。而且，《中华人民共和国未成年人保护法》第十五条规定："父母或者其他监护人不得允许或者迫使未成年人结婚，不得为未成年人订立婚约。"

小雪的爸爸为了17万元的彩礼，强迫小雪辍学远嫁，这侵犯了她的受教育权，还侵犯了她的婚姻自主权。

既然爸爸的做法是违法的，那么收了彩礼的婚约对男女双方就没有法律约束力，一方解除婚约，无须征得另一方的同意。所以，小雪可以与对方解除婚约。如果爸爸以有婚约为借口，强迫小雪与他人结婚，就会构成干涉他人婚姻自由或侵犯他人人身权利，严重的会构成刑法上的暴力干涉婚姻自由罪。

因此，小雪可以毫不畏惧地拿起法律武器来保护自己。

知心信箱

亲爱的同学们：

如今，高考在一些父母的眼里就是龙门，父母希望你们进入梦寐以求的大学。而你们理应体谅父母望子成龙、望女成凤的愿望。但是当父母过高的期望值很难达到的时候，你能否和父母好好沟通一下，把自己的想法和感觉都跟父母聊一聊？办法总比困难多，相信通过真诚的沟通总能找到更适合双方的解决问题的办法。

同学们，作为未成年人的你们是国家的未来、民族的希望，你们的发展状况决定着一个国家的前途。对未成年人发展权进行法律保护，关乎千万家庭的切身利益，关乎国家和民族的未来，所以国家、社会、家庭都高度重视你们的发展权。

但是，在有些情况下，你们不能曲解法律的规定。

2017年9月，暑假刚刚过去，济南市某中学的赵老师在开学巡视过程中，发现了6名十分有"个性"的学生。

她们有的把头发整成蓬松的爆炸式，有的则把两鬓的头发烫成波浪式，并且染得五颜六色。两只耳朵上各打了三四个洞，耳朵上带着颜色各异且闪闪发光的耳坠。脖子上也挂着一串串叮叮作响的项链。身上穿着吊带背心和破洞的牛仔短裤。她们踩着高跟鞋，斜挎着书包，有说有笑地走进学校。

"这是学校，你们是学生，怎么能穿成这样？"巡视的赵老师叫住了她们。

"老师，我们这叫个性，是时尚。你不能剥夺我们的个性发展权。"

你们不要拿发展权作为自己着装、行为不符合相关规定的借口，也不要忽视自己的全面发展。

有的同学只发展自己感兴趣的特长而不重视其他方面的发展，比如有一个同学喜欢音乐，于是她就把自己所有的精力都用在了学习音乐上。老师和家长提醒她不要忽视自己其他方面的发展，可是她置若罔闻，说自己以后要当歌手，其他的都用不着。

你们要知道，发展权不是指某个单方面的发展权利，而是指全面发展的发展权利。在你们的早期发展中，任何强调某种专长发展而忽视整个结构发展的做法，都不利于你们的可持续发展，最终也不利于该种特长的后续发展。因此，在早期发展中，强调基础发展要超过特色发展，全面发展要超过特长发展。

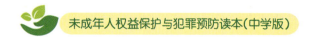

　　1. 小文已经14岁。爸爸重男轻女，认为女孩子上学无用，就让小文辍学在家照看4岁的弟弟，剥夺了小文的受教育权，侵犯了小文的发展权。如果你是小文，你该怎样保护自己的权利？

　　2. 小东是一个喜欢唱歌的男孩，他的梦想是将来成为一名歌手，可是小东马上面临中考，学业压力大。面对梦想和学业，他一时不知该如何抉择。如果你是小东，你该怎样选择？

未成年人的发展权

案例故事：

　　2005年7月，多家媒体报道了一条"昔日'神童'大四黯然退学"的新闻。王某在14岁时就以572分（超出分数线60分）的高考成绩考进沈阳某大学，一时间被称为"神童"。然而，他虽然比一般学生提前上大学，却没能顺利毕业。大四时，王某因多科成绩弃考，成绩为零，被学校"责令退学"。这件事引起了许多人的关注，王某进入大学前后的生活也开始为人们所了解。

虽然因为年幼就读大学而风光了一阵，但王某在大学四年里过得很不快乐。他拒绝参加一切活动，不愿与老师、同学交流。由于父亲、姑姑、爷爷这些亲戚接连去世，他更是陷入了亲人离去的痛苦中无法排解。王某的成绩每况愈下，大二时就被院系责令重修一部分课程。等到大四时，他终于因为无法完成相关的学业要求，被学校责令退学了。对此，他所在学院的院长也总结出了另一番原因："王某对大学不适应，自己主观学习性不强。"

新闻见报之后，在各方的努力下，王某的尴尬处境有了另外一种解决方式：他重返校园，但是要从大一重新开始。

重新读大学的他，开始注意多和同学交流，调整自己的生活方式。这对于18岁的他来说，似乎是一个比较"正常"的生活。母亲也说，该放手了，不然他永远长不大。

近年来，"神童"们不断打破低年龄高学历的记录，时时引起舆论的轰动，却也令人为他们的未来担忧。如著名的"神童"张某某，10岁读大学，13岁考上硕士研究生，在2011年9月他16岁时成为博士生。他现在保持着全国最小大学生、最小硕士生、最小博士生的记录，每次学业更进一步时都有媒体争相报道。然而，他的心理素质却并不被人们看好；同时，他对家长的态度也不被人们认可。他的硕士研究生导师就曾经对他说过，心理不成熟，就做不了数学上的"牛人"。在硕士论文答辩前夕，他突然提出，如果父母不给他在北京买房，他就不参加硕士论文答辩，也不考博士。在答辩的最后一天，无奈的父母为了劝张某某继续学业，只好在北京租下一套房子，骗儿子是买的，才算了事。

专家解读：

几乎每个家长都希望自己的孩子是"神童"，但随着资讯的传播，人们越来多地了解到"神童"的方方面面，也目睹了许多"神童"如同方仲永一样"泯然于众人"的事实。其实，大部分所谓"神童"，尤其是被媒体炒得火热的少年大学生，只是具备了较高的学习某些学科所需的智力水平，但未必具有很强的创造力、适应能力、抗挫能力等全面发展需要的能力。他们在走上社会之后，未必能够取得很好的成就，自身还可能产生种种苦恼。许多未成年人由于天资聪颖，便接受了不同于同龄人的教育方式，但同时也缺失了某些对于长远发展来说很必要的教育。由此可以谈到未成年人的发展权问题。发展权，是指未成年人享有充分发展其全部体能和智能的权利，包括未成年人有权接受正规和非正规的教育，有权享有促进其身体、心理、精神、道德等全面发展的生活条件。对于未成年人来说，发展包括身体、智力、道德、情感、社会性等多方面的发展，要求不可谓不多。发展权是未成年人权益的核心内容，它比受教育权的范围更加深广，对于未成年人的意义也更加巨大。

（摘编自 http：//blog.sina.com.cn/s/blog_8120392d010157za.html）

第四讲　我有权利说"不"

朵朵是山东某初中的学生，在老师眼里是一个乖巧懂事的女孩。朵朵的家庭是一个典型的中产家庭，在外人看来是稳定而幸福的：爸爸是眼科医生，妈妈是服装市场经理，生活条件优越。妈妈是个标准的女强人，一心扑在事业和女儿身上，对女儿非常严厉，不允许女儿的成绩有一点点偏差，就算考少了0.5分都会引起一场暴风雨。

进入初三后，妈妈为了让女儿考上重点高中，对女儿的看管更加严厉。面对妈妈的要求，朵朵压力很大，第一次考试跌出了百名以外。妈妈对这次考试耿耿于怀："朵朵，你还想不想上大学了？进不了前一百，就进不了重点高中；进不了重点高中，就进不了重点大学；进不了重点大学，这辈子就完了！"

朵朵是一个爱写故事的女孩，文采特别好，想将来成为一名作家，所以在选择文理科的时候，填写的是文科。而朵朵的妈妈知道后，没有经过朵朵的同意，找到老师，擅自将文科改成理科。

朵朵知道后，第一次跟妈妈大声争吵："妈，你为什么没经过我的同意，把我的志愿改成理科？""学理科将来好找工作！再说，我是你妈，我有权做主！"

"我是一个独立的人，不是你的附属物。我有权自己做决定！"朵朵跟妈妈大吵一架之后，离家出走了。

法律讲堂

妈妈对朵朵的要求过于严格，试图将女儿控制在自己手中，对于女儿的一切都要掌控。妈妈无疑很爱朵朵，但她完全剥夺了朵朵对自己人生的参与权，一切都为朵朵做好了打算，希望朵朵按照自己为她做的规划生活。也正是妈妈的这种控制欲毁了她们之间的关系。

同学们，虽然我们是未成年人，但法律保护我们的参与权。联合国《儿童权利公约》中所指的儿童参与权，是指未成年人从事与他们有关的事情时，有发表意见和参与实践活动的权利。儿童参与权所保护的具体内容是：所有有主见能力的儿童都有权发表自己的意见；儿童有权对影响到其本人的一切事项发表自己的意见；儿

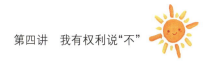

童有权自由发表自己的意见；对儿童的意见应按照其年龄和成熟程度给予适当的看待；儿童应有自由发表言论的权利等。

同学们，当我们遇到类似朵朵这样参与权被侵犯的情况时，该如何用法律保护自己？

联合国《儿童权利公约》第十二条规定："1.缔约国应确保有主见能力的儿童有权对影响到其本人的一切事项自由发表自己的意见，对儿童的意见应按照其年龄和成熟程度给以适当的看待。2.为此目的，儿童特别应有机会在影响到儿童的任何司法和行政诉讼中，以符合国家法律的诉讼规则的方式，直接或通过代表或适当机构陈述意见。"

中国的许多法律中也明确保护儿童的参与权。

《中华人民共和国未成年人保护法》第三条第一款规定："未成年人享有生存权、发展权、受保护权、参与权等权利，国家根据未成年人身心发展特点给予特殊、优先保护，保障未成年人的合法权益不受侵犯。"

通过以上法条我们知道，我们有权对影响到自己的一切事项自由发表自己的意见，并且我们未成年人的意见应按照我们的年龄和成熟程度被给以适当的看待。朵朵虽是未成年人，但她有自由发表意见的权利，而她的妈妈未经过她的同意，就擅自改变了她的文理选科，侵犯了她的参与权。

侵犯未成年人参与权的事不仅仅发生在朵朵的身上，接下来让我们来看一下另一个事例。

北京的小山是一名高中学生，学习成绩一般。小山的父母认为以小山现在的成绩想要考上一所好的大学几乎是不可能的，所以小山的父母就决定将小山送到美国的大学读书。可是小山舍不得在中国从小玩到大的朋友，不想出国留学。

小山的父母假借带小山到美国旅游，把小山骗到了美国，到了美国才告诉小山已经给他办好了在美国上学的学籍，并替他安排好了一切。

小山知道后十分生气，跟爸爸妈妈大吵了一架："你们都是骗子，说好了来旅游，却骗我来美国上学，我要回国！"妈妈说："我们都是为了你好，你在国内参加高考的话，连本科都考不上，将来你怎么能找到好工作？美国的这所学校是多少人想来都来不了的！"

"我是一个独立的人，不是你们的牵线木偶，我有权为自己的将来做决定！"生气的小山对父母怒吼着。妈妈也毫不退让："反正你的护照在我这，没有护照你休想回国！你就老老实实地给我在这上学。"

小山最终还是被迫留在美国上学。可是留在美国的小山，远离了父母的监控，反而不再用心学习，常常跟美国的同学打架。被剥夺了参与权的小山就用这样的方式来对抗父母，牺牲了自己的美好前途。但小山本可以拿起法律的武器来维护自己的合法权益的。

《中华人民共和国未成年人保护法》第十四条规定："父母或者其他监护人应当根据未成年人的年龄和智力发展状况，在作出与未成年人权益有关的决定时告知其本人，并听取他们的意见。"

《中华人民共和国未成年人保护法》告诉我们，法律保护我们的参与权。小山的父母在为小山办美国的入学学籍时，小山拥有提前知悉的知情权，有权对自己的学业做出选择，有权对父母强迫自己留在美国留学的行为说"不"。

同学们，我们的参与权受到法律的保护。当他人侵犯我们的参与权时，我们可以通过非诉讼的方式，向老师或村委会、居委会等寻求帮助，请求调解；也可以通过诉讼的方式，向人民法院控告侵权人。

　　与此同时，同学们，我们要知道，作为未成年人，我们并不是对所有的事情都拥有完全参与的权利。

　　虽然法律保护我们未成年人的参与权，但我们未成年人作为无民事行为能力人或限制民事行为能力人，在行使参与权的时候有一定的限制，例如，我国在多项法律中规定禁止未成年人进入网吧。

　　《中华人民共和国未成年人保护法》第三十六条第二款规定："营业性歌舞娱乐场所、互联网上网服务营业场所等不适宜未成年人活动的场所，不得允许未成年人进入，经营者应当在显著位置设置未成年人禁入标志；对难以判明是否已成年的，应当要求其出示身份证件。"

　　《中华人民共和国民法典》第十九条规定："八周岁以上的未成年人为限制民事行为能力人，实施民事法律行为由其法定代理人代理或者经其法定代理人同意、追认；但是，可以独立实施纯获利益的民事法律行为或者与其年龄、智力相适应的民事法律行为。"

　　同学们，作为未成年人，我们的身心还未完全成熟，法律对我们未成年人的某些行为进行限制，并不是侵犯我们的参与权，相反是对我们的保护，比如法律禁止未成年人进入网吧，一是防止我们因沉迷网络而耽误学业，二是防止我们上当受骗。所以，在行使我们的参与权时，我们要遵守法律，量力而行。

亲爱的同学们：

为了形象地说明未成年人的参与权问题，我们来看看"参与权阶梯"：

第一阶梯：未成年人所做的、所说的都是成年人要求他们做的，未成年人并不真正理解他们所说和所做事情的意义——未成年人被操纵；

第二阶梯：未成年人唱歌、跳舞、穿漂亮衣服等等，但未成年人不明白这些事情的意义——未成年人作为"装饰品"参与活动；

第三阶梯：未成年人可能会被问到他们有什么想法，但几乎没有他们表达意见的机会——未成年人象征性地参与，不论如何想，未成年人的意见均不会被成年人考虑；

第四阶梯：成年人决定一些有关未成年人的事项，但成年人让未成年人了解他们为什么要做这些事情；

第五阶梯：成年人设计了有关未成年人的事项，但成年人向未成年人征求意见，并严肃地对待未成年人的意见；

第六阶梯：成年人提出一些事项，但与未成年人一起做决定；

第七阶梯：未成年人提出一些事项并自己做出决定，但成年人并不限制、反对；

第八阶梯：未成年人自己提出一些事项，并与成年人一起做出决定。

同学们，随着我们年龄的增长，我们行使参与权的阶梯也不断提高。参与权的阶梯并没有对错之分，只有是否适合未成年人的年龄与心理发展之分。在我们两岁之前，我们的身心刚刚发展，对外界事物还不能做出正确的判断，所以我们只能听从父母的安排，这也是对我们未成年人的一种保护。但随着年龄的增长、心智的成熟，我们的参与权理应受到尊重，在参与过程中不断提高各种认知能力，逐渐在个性、才智和身心等方面获得充分健康的发展。

同学们，让我们通过参与阶梯来分析一下朵朵和小山的故事。

朵朵和小山都是中学生，他们对涉及自身利益的事情有权做出决定，其参与权理应处于第七或第八阶梯。但他们的父母忽视他们的意见，强迫他们的参与权处于第三阶梯，所以他们的父母侵犯了朵朵和小山的参与权。

同学们，作为未成年人，虽然我们的父母对我们有监护的职责，但这并不意味着所有的事情都是由父母说了算，并不意味着我们的意见不重要，并不意味着我们的参与权可以受到侵犯。所以，当我们的参与权受到侵犯时，我们可以向老师或相关部门等寻求调解，或者向法院提起诉讼。

与此同时，我们也应站在父母的角度体会父母的心。"可怜天下父母心"，父母事事都想为我们做最好的打算，虽然有时他们的"最好的打算"并不是我们想要的，但他们想要我们过得好、关心爱护我们的心是不变的。所以，我们要善于运用智慧化解与父母之间的矛盾，向他们表达我们的想法，为自己争取参与权。

同学们，无论是在家庭、学校还是在社会中，我们都有权对涉及我们自身的事情发表意见并进行参与。比如，在家庭中，我们有权对家庭装修提出意见；在学校中，我们有权对班委选举投出一票；在社会中，我们有权参加公益活动。

2017年1月30日，TFboys成员之一王源受邀赴联合国总部，作为中国青年代表出席联合国经社理事会2017青年论坛，代表中国青年在世界舞台上发声，并发表精彩的英文演讲，受到世界的瞩目和认可。王源的出席说明青少年在世界的重要会议中拥有一席之地，中国乃至整个世界尊重我们未成年人的发言权和参与权。

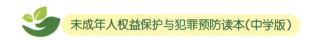

实践活动

1. 小天是一个学习成绩优秀而又喜欢唱歌的男孩，长大了想当一名歌手，所以在高考报志愿时，他选择的是中央音乐学院。小天的爸爸妈妈都是医生，希望小天将来也能从医，所以小天的爸爸妈妈强迫小天修改志愿。如果你是小天，你该怎样做？

2. 小强是某中学初二的学生，老师多次发现他在学校厕所里抽烟。老师批评他，他却说："凭什么你们大人能够抽烟，我不能抽？你们这是在侵犯我的参与权！"如果你是小强的同学，你该怎样说？

 **课外加油站**

孩子有权利说"不"

茜茜的爸爸妈妈都是某公司的高管，工作繁忙，没有充足的精力照顾茜茜，所以茜茜由爷爷奶奶照顾。

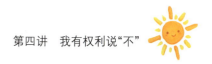

爷爷奶奶十分疼爱茜茜，把茜茜当成家里的小公主，事事都顺着茜茜。

茜茜已经上初三了，即将面临中考。可是茜茜的心根本不在学习上，每天想着怎么把自己打扮得美美的。

中考成绩出来，茜茜的成绩一般，只能考入普通的高中，而茜茜妈妈许多同事的孩子都考入了重点高中。

茜茜妈妈认为："考不上好的高中就考不上好的大学，考不上好的大学，茜茜的这一生就毁了！别人的孩子能考上重点高中，我们茜茜也能考上！"

妈妈不顾茜茜的反对，让茜茜复读一年，并且辞了职，一心在家陪读。妈妈为茜茜制订了详细的学习计划。早上五点就叫茜茜起床，逼着茜茜晨跑。茜茜跑不动，妈妈便在茜茜的腰上系一根绳子，拉着茜茜跑。茜茜每天除了上学完成作业外，还要上各种补习班，妈妈几乎24小时盯着茜茜。

茜茜多次拒绝去上辅导班，可是妈妈每次都对茜茜的反抗视而不见。茜茜爸爸对茜茜妈妈这种高压的教育方式十分反对，两人常常当着茜茜的面争吵。

有一天，茜茜趁着爸爸妈妈争吵，偷偷溜出了家，离家出走。爸爸妈妈发现茜茜不见了，都急坏了，报了警。几天后，他们在火车站的候车室里找到了缩在墙角的茜茜。

从此，茜茜性情大变，不管谁跟她说话她都不理。看着每天蜷缩在角落里不说话的茜茜，妈妈后悔不已。

不少父母认为为孩子做决定是理所当然的，常常忽视了孩子作为一个独立的个体也有自己的想法，孩子也有权对影响到他们的事项发表自己的意见。所以，同学们，当有人侵犯我们的参与权时，我们要勇敢地对他们说"不"，并拿起法律武器保护自己。

第五讲　法律对我们的特殊保护

2006年8月30日，15岁的勤某走进网吧"畅游"。谁也没有料到，这次网游竟成了他短暂人生的终点。

当时，勤某在网吧连续两天通宵达旦上网，过度兴奋、紧张、疲劳引起剧烈头痛。8月31日凌晨4点多，在无法忍受的情况下，勤某经网吧服务生的指点外出购买止痛药，结果走到网吧大门口就昏迷跌倒在路边。后被警方110送往医院抢救，最终因脑室出血死亡。

勤某猝死后，其父母将网吧老板告上法庭要求赔偿，请求判令赔偿各类损失共计30.2万元。

网吧老板则辩称，勤某的死亡原因是脑出血，与网吧没有任何因果关系。

法院根据网吧老板在诉讼中自始至终没有提供网吧人员的登记册或有关摄像记录等相关证据，推定存在勤某到网吧长时间上网的事实。

法院认为，网吧老板应当明知网吧对未成年人的进入严格禁止，所以，勤某进入网吧长时间上网玩游戏的原因，是网吧老板管理不当。虽然勤某的死因是"脑出血"，属自身病理性变化，上网玩游戏也不一定必然导致"脑出血"症状，但根据一般医学常识，当常人处于高度紧张的情况下，人的血液循环会加快，神经系统兴奋，心跳加速，生理机能会发生一定的变化。勤某长时间地静坐上网玩游戏，大脑和神经系统始终处于高度紧张状态，持续时间又较长，所以并不能完全排除其死亡与其进入网吧长时间玩游戏之间存在某种诱因的可能性。

鉴此，法院确定网吧老板应承担20%的民事赔偿责任，赔偿医疗费、丧葬费、死亡赔偿金、精神损害抚慰金共计8.6293万元；勤某父母疏于监护，确定自行承担80%的民事责任。

法律讲堂

同学们，虽然因上网而导致死亡是个别现象，但医学研究证明，长时间使用电脑对健康有较大的危害已是不争的事实，对身体发育尚未成熟的未成年人尤甚。

长时间无节制地花费大量时间和精力在互联网上持续聊天、浏览、打游戏，会导致行为异常、心理障碍、人格障碍、交感神经功能部分失调，严重的会发展成为网络综合征。该病症的典型表现为情绪低落、兴趣丧失、睡眠障碍、生物钟紊乱、食欲下降、体重减轻、精力不足、精神运动性迟缓和激动、自我评价降低、思维迟缓、不愿意参加社会活动、很少关心他人、饮酒和滥用药物等。

> 《中华人民共和国未成年人保护法》规定,营业性歌舞娱乐场所、互联网上网服务营业场所等不适宜未成年人活动的场所,不得允许未成年人进入,经营者应当在显著位置设置未成年人禁入标志;对难以判明是否已成年的,应当要求其出示身份证件。

酒吧、舞厅等场所,本是成年人的娱乐场所,容易让心智还不成熟的我们沾染上不良习气,对我们的成长带来负面影响。

小伟、小坤是在校学生,可是他们却因"故意伤害罪"被人起诉,起诉状上是这么写的:

罪名:故意伤害罪。被告人:小坤、小伟,年龄16周岁,在校生。犯罪过程:2014年2月1日凌晨1时许,在某酒吧喝酒,因琐事与被害人王某发生冲突,继而追逐殴打,致王某重伤二级。

"第一次是别人带我们去酒吧,后来发现也没什么,就经常去了。"在第一次会见的时候,对于法官的提问,小伟不在乎地答道。

"我根本不知道他们这么小的年纪就懂得逛酒吧了!早知道会走上犯罪的道路,平时真的应该多管管他们!"小伟、小坤的父母在庭审时不停地自责。

小伟和小坤的父母平时忙于经商、务工,与孩子缺少沟通,对孩子的课余生活、朋友交际等关注不够,还经常动手"教育"孩子。

为了教育、挽救小伟和小坤,法官着实花费了不少功夫:要求他们写忏悔书;邀请妇联工作者一同做心理疏导工作;召开"家庭会议式"的圆桌庭审;加强对父母的说服教育等。

终于，小伟、小坤深刻认识到自己的错误，有悔罪表现；他们的父母也积极对被害人的损失进行赔偿，取得被害人及其父母的谅解。最后，法官在综合考量下做出判决，小坤和小伟犯罪情节较轻，有悔罪表现，系初次犯罪，依法适用缓刑，并且特别强调：禁止被告人在缓刑考验期内进入酒吧、KTV等娱乐场所。

> 《中华人民共和国未成年人保护法》还规定，禁止向未成年人出售烟酒。任何人不得在中小学校、幼儿园、托儿所的教室、寝室、活动室和其他未成年人集中活动的场所吸烟、饮酒。
>
> 如果向未成年人出售烟酒，或者没有在显著位置设置不向未成年人出售烟酒标志的，由主管部门责令改正，依法给予行政处罚。

法律之所以这么规定，是因为烟酒对我们未成年人有着巨大的危害。

酒精会影响我们的大脑，让我们的智力下降。而烟草呢，含有20多种有毒物质，烟雾中有害化合物更是多达300种。长时间抽烟会对人体喉部以及气管的黏膜造成很大损伤，导致人经常咳嗽，容易患上肺气肿、肺心病等疾病，而且烟草中有亚硝胺、砷等很多致癌物质。因为我们的器官发育还没有成熟，过早抽烟会让身体机能过早下降，所以，抽烟越早，得疾病的可能性就越大，可以说吸烟是一种慢性自杀。

> 《中华人民共和国预防未成年人犯罪法》中还规定，未成年人的父母或者其他监护人和学校应当教育未成年人不得有下列不良行为：旷课、夜不归宿；携带管制刀具；打架斗殴、辱骂他人；强行向他人索要财物；偷窃、故意毁坏财物；参与赌博或者变相赌博；观看、收听色情、淫秽的音像制品、读物等；进入法律、法规规定未成年人不适宜进入的营业性歌舞厅等场所；其他严重违背社会公德的不良行为。

小伟、小坤的案例也提醒我们：所有这些规定看似是对我们的约束，其实是对我们的保护。

知心信箱

亲爱的同学们：

我们是祖国的未来、民族的希望，肩负着实现中华民族伟大复兴的历史重任。因为我们的生理、心理都不成熟，缺乏自我保护能力，所以需要法律的特殊保护。

《中华人民共和国未成年人保护法》针对我们规定了四重保护：家庭保护，这是对我们特殊保护的基础；学校保护，这是对我们特殊保护的重要方面；社会保护，这是对我们特殊保护不可缺少的部分；司法保护，这是对我们特殊保护的重要保障。

在《中华人民共和国预防未成年人犯罪法》中，对依法免予刑事处罚、判处非监禁刑罚、判处刑罚宣告缓刑、假释或者刑罚执行完毕的未成年人，如小伟、小坤等类似的同学，也规定了他们在复学、升学、就业等方面与其他未成年人享有同等权利，任何单位和个人不得歧视。

但是，在法律保护我们的同时，我们也要学会爱护自己、保护自己，不进入不良场所，不被不良人员诱惑，以免对自己造成伤害。

2018年4月29日凌晨1点，一位少女从天台纵身一跃，落在了从楼下走过的一位30岁KTV经理的眼前。

她与他在聚会中相识。那时，她刚从高一辍学，一门心思想着挣钱。于是，他就邀请她到他管理的KTV上班。得知一天能轻松赚到300多块，她就毫不犹豫地答应了。

在KTV，她的主要工作是陪客人唱歌、喝酒，然后从他们的消费中获取提成。因长得漂亮，歌唱得好，还特别能喝酒，所以一晚上她可以轻松赚到500多元，还能得到不少的小费。

看到她的表现，他决定把她升职为领班，但为了防止她跳槽，他决定与没有感情经历的她谈场"恋爱"。在情场上早已轻车熟路的他很快便收获了她的芳心。

在他的店里，还有十几个像她一样大的女孩也在做陪侍女。他经常带着她们聚餐、开派对，还在节假日给她们发奖金，目的很简单，就是为了让这些女孩子能在他的店里专心工作，卖力赚钱。

因为店里的每一笔消费，他都可以抽取到10%的提成，另有30%的酒水消费提成，这样，他一天收入就能达到数千元。

为了"想方设法"留住这些女孩，他采取了一些强制手段。以给她们办保险为由，没收了这些女孩的身份证，并规定了严格的考勤制度，不允许她们随便请假旷工。

有一天，一个女孩偷偷跑出去玩，他立即开车找到了这个女孩，将该女孩强行带了回去。回来后，他狠狠地扇了那个女孩几个耳光，并要求她在所有员工面前下跪，承认自己的错误，同时惩罚了她，扣除了她的当月奖金。

他吓唬她们说："不要想着溜走，我能通过技术手段锁定你们的位置，再让我发现有这样的事发生，我就对你们不客气了。"

后来又有女孩想逃离这里，但是他总能第一时间发现有人逃跑。面对越来越难管理的员工，他渐渐显露出残暴的一面：对逃跑的女孩进行殴打，用烟头烫、用皮带抽，每次都是当着所有员工的面进行惩罚，想起到"杀一儆百"的作用，就连她也受了惩罚。他挥着电棒对她们叫嚣："你们不要想着报警，如果我被抓了，最多一两年就放出来了，等我出来，我就弄死你们。"

那天，他像发疯了一样，拽着她的头发，狠狠地把她往墙上撞。她瘫倒在地上,他还一边骂一边用脚不停地踹她。

当晚,她向小姐妹们哭诉时,才发现原来她所谓的"男朋友"也在做着其他女孩的男朋友,并且她们也被他天天打。

知道真相后的她,一直低着头,不再说一句话。凌晨1点,她来到天台,结束了自己年轻的生命。

一个花季少女,因为贸然进入KTV工作,轻信了他人的爱情谎言,遭人虐待,就这样丧失了生命。

同学们,我们要牢固树立安全意识和自我保护意识,提高警惕,远离危险环境;面对不法侵害,要勇敢机智地进行反抗;要学会求救和自救,善用法律武器维护自己的权益,不要像案例中这位花季女孩一样草率地结束自己的生命。

实践活动

1. 当你和朋友同时收到陌生人的邀约,询问你是否愿意一同前往酒吧,你会怎么选择呢?若你的朋友选择随陌生人一同前往,你该如何劝说自己的朋友呢?

2. 假期闲暇时光,你会选择去哪些场所来度过呢?

法律对青少年的特殊保护

1.《中华人民共和国预防未成年人犯罪法》中的规定

《中华人民共和国预防未成年人犯罪法》第三十一条规定："任何单位和个人不得向未成年人出售、出租含有诱发未成年人违法犯罪以及渲染暴力、色情、赌博、恐怖活动等危害未成年人身心健康的读物、音像制品或者电子出版物。任何单位和个人不得利用通讯、计算机网络等方式提供前款规定的危害未成年人身心健康的内容及其信息。"第四十二条规定："未成年人发现任何人对自己或者其他未成年人实施本法第三章规定不得实施的行为或者犯罪行为，可以通过所在学校、其父母或者其他监护人向公安机关或者政府有关主管部门报告，也可以自己向上述机关报告。受理报告的机关应当及时依法查处。"

温馨提醒

不良信息像垃圾一样侵蚀未成年人的身心健康，甚至会诱导孩子们走上歧途。因此，在遇到不良信息时，孩子们应当勇敢、坚定地对它说"不"：

（1）选择正确的信息获取渠道，坚决不接触不良信息来源，增强辨别能力和自我保护能力。

（2）树立自己的信息"红线"，当遇到有人向自己传递不良信息时，要勇敢拒绝，不让"垃圾信息"影响自己。

（3）在保护自己的前提下，不姑息坏人，遇到问题要向自己的父母、学校或者有关部门报告求助，不让坏人继续做坏事。

2.《中华人民共和国刑法》中的有关规定

《中华人民共和国刑法》第二百三十四条第一款规定："故意伤害他人身体的，处三年以下有期徒刑、拘役或者管制。"

未成年人因身体和心理发育尚未成熟,且防卫意识较为薄弱,容易成为犯罪分子侵害的对象。故意伤害案件是侵犯未成年人权益较为多发的一类刑事案件。这类案件在给未成年人造成身体伤害的同时,也会造成未成年人焦虑、紧张等心理上的问题。

温馨提醒

为防范此类刑事案件的发生,保护未成年人的人身安全,未成年人应当学习安全和自我保护知识,提高保护自己的能力:

(1)外出时,要告诉家长与谁同行,去往何处,保持电话畅通;要避免回家时间太晚或去地点偏僻的场所,最好结伴而行。

(2)要远离网吧、酒吧等不适宜未成年人进入的场所。

(3)遇到纠纷要冷静,不靠"武力"解决问题;与他人相处要有包容之心。

(4)遇到不法侵害,不要贸然"抵抗",有条件可向他人求助,记住对方特征,及时报警。

3.《中华人民共和国反家庭暴力法》的规定

《中华人民共和国反家庭暴力法》规定:"学校、幼儿园、医疗机构、居民委员会、村民委员会、社会工作服务机构、救助管理机构、福利机构及其工作人员在工作中发现无民事行为能力人、限制民事行为能力人遭受或者疑似遭受家庭暴力的,应当及时向公安机关报案。""单位、个人发现正在发生的家庭暴力行为,有权及时劝阻。"这是社会力量制止亲职伤害儿童行为的法律依据。

如果孩子遇到家庭暴力、亲职伤害,应该在保障安全的情况下主动寻求帮助:

(1)及时向其他成年长辈、老师、学校报告,也可以向居民委员会、村民委员会求助,甚至报警都是可行之途,一切都以保障人身安全为最先。

(2)如儿童的监护人亲职伤害行为严重影响儿童身心成长,该儿童的近亲属、相关保护机构可以向法院申请撤销该监护人的监护权,亦可向法院申请人身安全保护令,保障儿童自身的权益。

(摘编自 http://www.fjqyhh.com/index.php? id=226&mod=art)

第六讲 我有权利追加抚养费

小宝现年13周岁，8岁那年父母离婚，他跟随母亲生活。随着升入初中，学费和生活费的增加，没有工作的妈妈负担不起了，只好让他去找爸爸。爸爸仅用400元钱就打发了他。

小宝找到爸爸单位的领导，希望他们能协调解决。单位领导把他和父亲召集到一起商议抚养费、教育费的问题。但父亲却以自己和孩子长期没有共同生活在一起，缺乏感情基础，已再婚育子，需要抚养孩子，且已经一次性付给了抚养费为由，拒绝支付小宝的抚养教育费用。

无奈之下，小宝向人民法院提起诉讼。法院根据孩子意愿并结合双方的经济状况判决增加小宝的抚养费。但小宝父亲以已经一次性支付抚养费为由提起申诉，拒绝追加抚养费，申诉至人民检察院，要求该院支持其请求。

人民检察院受理案件后，在民事案件中首次引入"社会调查"机制，聘请专业司法社工介入案件开展社会调查工作，了解真实情况和双方意愿。司法社工通过对各方当事人的多次家访，得知小宝父亲经济状况良好，完全具备抚养未成年子女的条件。同时，司法社工还走访了当事人的亲属、邻居、曾经办理双方离婚诉讼案件的法官、处理过家庭纠纷的民警、孩子所在学校的老师等，为审查办理案件提供了全面、客观的信息。最后，在审查案件的基础上，人民检察院结合社会调查结果做出了不支持申请的决定。同时，通过约谈，让申诉人理解息诉，并加强案件追踪回访，进行教育指导，给孩子追加了抚养费，进一步促使改善亲子关系。

法律讲堂

同学们，让我们从法律的角度来解读这件事情。显然，案例中孩子的父亲已经侵犯了孩子的被抚养权。依法要求父母对自己进行监护和抚养是未成年人的权利。但在现实生活中，有许多未成年人由于父母离婚，生活受到了或多或少的影响。如何运用法律武器保护自己的权利是每个青少年都需要面对的课题。

目前，《中华人民共和国宪法》《中华人民共和国民法典》《中华人民共和国未成年人保护法》等法律法规明确规定了保护妇女、儿童合法权益的原则，尽可能预防和减少由于父母的离婚，给未成年子女带来的生活环境、性格养成、思想变化、学习成长等方面的负面影响。

《中华人民共和国宪法》第三十三条第三款规定："国家尊重和保障人权。"第四十九条第三款规定："父母有抚养教育未成年子女的义务。"

《中华人民共和国未成年人保护法》第十条第一款规定："父母或者其他监护人应当创造良好、和睦的家庭环境，依法履行对未成年人的监护职责和抚养义务。"

《中华人民共和国民法典》第一千零八十五条规定："离婚后，子女由一方直接抚养的，另一方应当负担部分或者全部抚养费。负担费用的多少和期限的长短，由双方协议；协议不成的，由人民法院判决。

前款规定的协议或者判决，不妨碍子女在必要时向父母任何一方提出超过协议或者判决原定数额的合理要求。"

父母离婚后，不直接抚养子女的一方对子女仍有抚养责任，仍有负担子女抚养费的义务。

（1）抚养费负担数额。不直接确定抚养一方的给付标准，有固定收入的应为月总收入的20%~30%；负担两个以上子女抚养费的一般不超过月总收入的50%。无固定收入的，抚养费数额可按照当年总收入或同行业平均收入，参照上述比例确定。

（2）抚养费给付期限。抚养费的给付期限，一般至子女18周岁为止。

（3）抚养费给付方法。抚养费应定期给付。有条件的可一次性给付。

在婚姻家庭类案件中，人民法院在对未成年子女的抚养费进行判决、调解时，抚养费标准一般是依据当时当地的社会平均生活水平来确定。但随着经济的发展、生活水平的提高及物价上涨等，法院原先所判决、调解的抚养费的基础已经不存在或发生很大改变，再依据当时的条件和标准支付抚养费，已经不能满足未成年人基本的生活要求，不能保障未成年子女正常的生活和学习。因此，法律和相关司法解释规定未成年子女有权基于法定情形向抚养义务人要求增加抚养费。

比如张山（父，化名）与李云（母，化名）离婚后，女儿小雨由母亲抚养，经法院判决父亲张山一次性付清抚养费。后来小雨患了重病，急需用钱，小雨可不可以再次要求父亲增加抚养费？《中华人民共和国民法典》第一千零八十五条第二款规定："前款规定的协议或者判决，不妨碍子女在必要时向父母任何一方提出超过协议或者判决原定数额的合理要求。"这就是明确了子女在必要时要求合理增加抚养费的权利，目的在于保证父母离婚后子女的生活和受教育的实际需要。

因为小雨患重病，所以父亲一次性支付完抚养费后仍需要根据情况给小雨增加抚养费。

是不是任何时候提出追加抚养费，法院都会判决同意呢？

聂福林与白玉妹于1994年结婚，1995年8月生育一女聂慧娟。2004年，聂福林与白玉妹因感情不和协议离婚，聂慧娟由白玉妹抚养，聂福林每年支付聂慧娟抚养费5000元。离婚后，聂福林按照离婚协议在每年年初支付聂慧娟的抚养费。2013年9月，聂慧娟考入某大学。2014年1月，当白玉妹要求聂福林按照离婚协议支付聂慧娟的抚养费时，聂福林却认为聂慧娟现在已经成年，其已无抚养义务，拒绝再支付聂慧娟的抚养费。在多次索要抚养费未果后，聂慧娟于2014年3月初向法院提起诉讼，认为自己现在虽然已经成年，但是仍在上学，没有经济收入，要求聂福林按照当初签订的离婚协议支付其抚养费。（以上人名均为化名。）

虽然父母为成年子女在大学期间主动支付抚养费是一种常态，但这只是父母在道德上的义务，并不是法定义务。

《中华人民共和国民法典》第一千零六十七条第一款规定："父母不履行抚养义务的，未成年子女或者不能独立生活的成年子女，有要求父母给付抚养费的权利。"

由此可知，在现实生活中，虽然让已成年的大学生在大学学习期间以自己的劳动来支付自己的教育费、生活费有很大困难，但将父母对子女的抚养义务依法限制在一定时间范围之内是社会发展的需要，更是社会进步的要求。在本案中，聂慧娟作为一名已成年的大学生，并不存在丧失或未完全丧失劳动能力等非因主观原因而无法维持正常生活的情况，其无权要求聂福林继续支付抚养费。

所以，除了最高人民法院规定的三种增加抚养费的情形外，子女在未成年之前，没有重大的变故，要求增加给付抚养费一般不能得到法院的支持。

开篇案件正是基于最大限度保障未成年子女利益的考量，在原审调解书已经发生法律效力的情况下，准予未成年子女小宝向人民法院提起新的诉讼，依法支持其请求父亲增加抚养费的主张。

最后，请同学们牢牢记住，被抚养权是你们最基本的权利，任何人都不能以任何理由去剥夺它，包括你自己。

知心信箱

亲爱的同学们：

在每个孩子的心中，家庭无疑是最大的庇护所，家就像一把巨伞一样为自己遮风挡雨。家庭保护是未成年人保护的基础，但对于父母来说，结婚自由，离婚也是自由的。当父母双方感情破裂，离婚变成唯一选择时，未成年人的家庭保护，特别是财产问题就变成了一个复杂的问题。

对于未成年人来说，他们通常没有自己的独立财产，但在某些情况下，如通过继承、赠予等也可能取得一定的财产。由于未成年人不具有管理、使用和处分财产的能力，其独立财产应由父母或其他监护人代为管理。

刚上初二的小刚就遇到了这样一件复杂的烦心事。3年前，爸爸妈妈离婚。记得当时妈妈离开时说，家里的房子给小刚留下了。这3年来，小刚渐渐习惯了妈妈不在的日子，心也变得麻木了。可最近，爸爸生意失败了，想卖房子。妈妈知道后，来家里和爸爸大吵了一架，坚决不同意卖房子，因为他们离婚时协议好了将房子赠予孩子，保证孩子在父母离婚后拥有自己的财产，并且进行了公证。

以上案例中，父亲想卖掉已经赠予孩子的房子，是对孩子权益的严重侵犯。

根据相关法律的规定：赠予人明确表示将赠予物赠给未成年人个人的，应当认定该赠予物为未成年人的个人财产。上述案例中，父母离婚协议中的赠予是具有法律效益的，房子现在的主人应是小刚。

《中华人民共和国民法典》第三十四条第一款规定："监护人的职责是代理被监护人实施民事法律行为，保护被监护人的人身权利、财产权利以及其他合法权益等。"《中华人民共和国民法典》第三十五条第一款规定："监护人应当按照最有利于被监护人的原则履行监护职责。监护人除为维护被监护人利益外，不得处分被监护人的财产。"

所以，案例中小刚的财产是受到法律保护的，即使是监护人（爸爸）也不能随意处置他的财产。

但是，是不是赠予孩子的财产就能让孩子随意处置，随便花，随便用呢？

　　12周岁的小轩就遇到这样一件事：春节期间，小轩发了一笔大财，压岁红包整整得了6000元。爸爸妈妈一直跟小轩商量，要替他保管这一部分钱，但是他坚决拒绝了："我长大了，那是我的钱，我要自己保管，不能再让你们给我存没了。"

　　实际上，小轩有自己的打算，他想买一部手机。前段时间，他的同桌偷偷地拿着手机到学校，跟他炫耀了好几次。小轩这次有钱了，要买一部比同桌的还好的手机。

　　周日，小轩自己去了手机大卖场。最后，小轩禁不住客服的热情推荐，买了一款5000多元的新款手机。

　　妈妈看到后大发雷霆，费了很大周折，才退了这部手机。

　　在以上事件中，妈妈的做法是否侵害了小轩的财产权？

　　首先，我们来看一下孩子获得压岁钱的法律关系。这是一种纯粹的赠予行为。赠予是赠予人将自己的财产无偿给予受赠人、受赠人表示接受的一种行为。这种行为的实质是财产所有权的转移。赠予是一种双方法律行为，孩子接过钱后便表示接受了赠予，故赠予行为有效。

　　但自认为已经长大的小轩没有征得父母的同意，是不能随意支出这5000多元钱的。《中华人民共和国民法典》规定："八周岁以上的未成年人是限制民事行为能力人，实施民事法律行为由其法定代理人代理或者经其法定代理人同意、追认，但是可以独立实施纯获利益的民事法律行为或者与其年龄、智力相适应的民事法律行为。"

　　12周岁的小轩属于限制民事行为能力人。根据《中华人民共和国民法典》的相关规定，限制民事行为能力人，除纯获利益的合同或与其年龄、智力、精神健康状况相适应而订立的合同不必经法定代理人追认之外，订立的其他合同必须经法定代理人追认才能有效。对于小轩来说，买手机的合同不属于纯获利益的合同，也不属于与其年龄、智力、精神健康状况相适应而订立的合同。

《中华人民共和国民法典》规定，管理和保护被监护人的财产是监护人的职责之一。因此，当未成年人实施了与其智力不匹配的行为时，父母有权不予追认。

此外，《中华人民共和国民法典》第三十五条规定，监护人除为维护被监护人利益外，不得处分被监护人的财产。未成年人的监护人履行监护职责，在做出与被监护人利益有关的决定时，应当根据被监护人的年龄和智力状况，尊重被监护人的真实意愿。如果父母纯粹是为了孩子的利益，比如为孩子买商业保险，让孩子参加兴趣班什么的，是可以动用压岁钱的。

那么压岁钱该怎么处理呢？可以先和孩子讨论一下，一定要尊重孩子的意见，这是培养孩子金钱观的基础。一般来说，压岁钱可以分成三份：

1.孩子自主支配一部分。可以让他自己购买学习用具、课外读物、玩具、零食等。

2.开设银行账户存一部分。家长带孩子一块去银行，以孩子的名字开一个银行账户。对于未成年人开户，中国人民银行有统一规定：居住在中国境内16周岁以下的中国公民，到银行开户的具体要求是：（1）必须要监护人陪同办理，监护人作为代理人填写办卡资料；（2）必须提供监护证明；（3）提供孩子和代办大人的户口本或者身份证。

3.一部分用来献爱心。可以鼓励孩子给长辈送一些小礼物，这能培养孩子的感恩之心；也可以为灾区的孩子、贫困山区的留守儿童等捐一点钱，献一份爱心。

未成年人的财产保护是我们成长保护中的重要一环，无时无刻不影响着我们的成长。运用法律手段为我们的成长护航，增强自我保护意识，防患于未然，我们的成长才会既健康又安全。

1. 当你发现有同学大手大脚花钱并且不听你劝说，说"是我自己的钱，我自己说了算"时，你有什么办法运用法律条文，让他认同你的观点？

2. 你如何保护和合理使用自己的财产？

我国法律关于未成年人财产权的规定及其保护现状

（一）未成年人财产权的规定

未成年人的财产权是指不满 18 周岁者对其所有的财产依法享有的占有、使用、收益、适当处分等权利。未成年人的财产权有三个特征：

1. 权利主体是不满 18 周岁的公民。

2. 未成年人财产的来源呈现多元化发展。

3. 财产的所有权和管理权通常分离。由于我国法律将未成年人定位为限制民事行为能力人或无民事行为能力人，其财产通常由监护人代管。

社会生活中，未成年人可以拥有个人财产，其财产来源主要有：

（1）通过法定义务人应尽的抚养义务而获得的财产。

（2）通过劳动、营业所获得的收入。

（3）参加各种竞赛、评选活动，以及因悬赏广告、抽奖、有奖销售等完成规定行为所获得的奖金和奖品。

（4）未成年人在掌握一定知识、技能后，从事文学、艺术创作或者小发明创造而对其智力劳动成果拥有知识产权，对相关收益享有财产权。

（5）接受赠予或遗赠的财产。在法律上是未成年人的个人财产。

（6）继承的财产。

（7）按照国家法律、政策规定给予未成年人的财物。

（8）行使人身损害的赔偿请求权所获的赔偿金，以及行使保险关系中的利益求偿权得到的保险金。

（9）以未成年人的个人财产从事经营、投资活动所获的各项收益。

（二）未成年人财产权的保护现状

未成年人的合法财产权，他人不得侵犯。但事实上，由于年龄、知识和社会经验的欠缺，未成年人在民事交往中常处于弱势地位，现实生活中忽视或侵犯其财产权的现象时有发生。现阶段民事、经济领域内未成年人财产权的保护形势不容乐观。目前，我国保护未成年人财产权的相关法律规范散见于《中华人民共和国宪法》《中华人民共和国民法典》《中华人民共和国未成年人保护法》等法律中，相关立法之间缺乏系统性、协调性，规定得过于概括、粗糙而欠缺可操作性。民事法律领域一直欠缺相关的具体规定。

（摘编自 http://china.findlaw.cn/info/minshang/zwzq/fyzx/1079210.html）

第七讲　不要冒用我的名字

2015年5月的一天，王某某在交通银行办理信用卡时，被银行工作人员以"个人信息不实"为由拒绝办理。仔细询问才知，原来是自己资料上所填的高中学历与银行审查时显示的大专学历不一致。

可王某某根本没上过大学。当初为了供她读书，三个弟弟妹妹辍学了，母亲还跑到郑州卖菜。但她高考后迟迟等不到录取通知书,那种心痛和面对父母、弟弟妹妹时的愧疚,她永远也不会忘记。所以她猜测,可能自己的身份和教育信息被盗用了。

根据银行的工作人员所讲的情况,王某某找到中国高等教育学生信息网,用自己的身份证号登录后,查到的学籍信息显示:王某某,周口职业技术学院汉语言文学教育专业毕业,大专学历,2003年9月入校,2006年7月毕业。身份证号码、姓名、高考准考证号码都是王某某的,但照片却不是她的。这样的结果令她大吃一惊,也证实了她的猜想:当年有人顶替自己上了大学。

为了让自己的生活回归正常,从2015年10月开始,王某某和母亲踏上了寻找假"王某某"的道路。两个月时间,他们先后多次去了沈丘县教体局、周口市教育局以及周口职业技术学院询问,得到的答复却不尽人意。县教育局说数据最早只能查到2007年;市招生办表示"经查证,报名时的信息都是真实的";学校则说各部门领导经过两次调整,当年的信息早已无从查起。

后来,在机缘巧合下,王某某联系到了假"王某某"的大学同学,询问下得知顶替者用"王某某"的身份大学毕业,如今已经成了一名教师。

怀着纠结的心情,几经波折,王某某联系到了顶替者张某某,提出让对方注销学籍,不再影响自己的生活,但结果事与愿违。

顶替者张某某的父亲说:"我们愿意出8万元和解,但是我们坚决不同意注销学籍。"而顶替者张某某的态度更是强硬:"你这样折腾有啥用?折腾到联合国我们也不怕!"王某某说:"8万元能弥补人生错位的遗憾吗?这件事就该以我的'放弃维权'而了结吗?"顶替者的态度深深刺痛了王某某。几次联系后,对方甚至更换了电话号码。

此事一经媒体曝光,引起了社会各界的关注。随着调查的深入,警方现已确定学生信息网上的身份证信息是伪造的。周口职业技术学院成立了调查组展开调查。经调查,假"王某某"冒名顶替真王某某上学的事实成立,学院已注销了假"王某某"的学历信息。

同学们，让我们一起来看看什么是姓名权。姓名权是公民依法享有的决定、使用、改变自己姓名的权利。法律规定，对于干涉、盗用、假冒他人姓名的行为，应追究行为人的民事责任。

上大学是每个人梦寐以求的事情，而王某某却因别人的冒名顶替失去了上大学的机会。如果这样的事情发生在我们身上，我们该怎样用法律保护自己？

《中华人民共和国民法典》第一百一十条第一款规定："自然人享有生命权、身体权、健康权、姓名权、肖像权、名誉权、荣誉权、隐私权、婚姻自主权等权利。"

《中华人民共和国户口登记条例》第十八条规定："公民变更姓名，依照下列规定办理：一、未满十八周岁的人需要变更姓名的时候，由本人或者父母、收养人向户口登记机关申请变更登记；二、十八周岁以上公民需要变更姓名时，由本人向户口登记机关申请变更登记。"

通过以上法条我们知道，法律保护我们的姓名权。当我们的姓名权受到侵害时，我们可以向法院提起诉讼。

案例中，张某某冒充顶替王某某上大学的行为，侵犯了王某某的姓名权中的姓名使用权。被侵权人王某某向法院提起诉讼，要求赔偿损失等，并且要求撤销冒名者张某某所获得的各种国家许可。

当我们的姓名权受到侵害时，我们要勇敢地向王某某学习，不要畏惧强权，法律会给我们一个公平的交代。同时，我们也要尊重他人的姓名权。

然而，姓名权被侵害的事情不仅仅发生在王某某的身上，让我们一起来看看另一个案例。

李华已经11周岁。爸爸和妈妈离婚后，李华跟随妈妈张某生活。妈妈离婚后嫁给了石某。石某是个老实人，将家里家外都安置得妥妥当当，更是把李华当作自己的亲生儿子一样照顾。但再美满也有遗憾。李华毕竟不是石某的血脉，李华姓李这个事实就像被褥下的小石子，只要李华的妈妈一翻身就被硌一下，虽然不疼，却是一件让人放心不下的事。所以李华的妈妈决定趁着儿子还小，将儿子的姓氏改为石。于是，在迁移户口时，没跟李华的亲生父亲商量，擅自将李华的名字改为石华。

李华的姓氏改好了，但风波却因此而起。李华的亲生父亲李某知道后十分生气，对李华的妈妈说："李华是李家的种，你凭什么擅自把李华的姓氏改为石？你要是不给我改回来，我就去法院告你！"李华的妈妈压根不理他。可是没想到，两个月后，李华的妈妈收到了法院的传票，李华的亲生父亲李某将李华的妈妈告上了法庭。

法院在审理过程中征求了李华的意见，李华明确表态还是要用原来的姓名。法院最终尊重孩子的意见，责令被告将"石华"恢复为"李华"。

同学们，让我们从法律的角度来分析李华的这个案件。

本案中，李华的妈妈未经前夫同意，擅自将孩子姓名改为石华，不仅侵犯了孩子的姓名权，也侵犯了李华亲生父亲李某的监护权。

法院在审理李华此类案件时，对于10周岁以下的未成年子女，基本按照既尊重父母监护权，又保护未成年人合法权益、有利于其身心健康成长的原则予以确定，

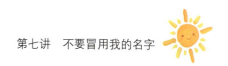

原则上维持原姓氏。对于10周岁以上的未成年子女，则征求并尊重子女的意见。

根据《中华人民共和国民法典》第一千零一十五条的规定，李华既可以随父姓，也可以随母姓。而且，李华已年满10周岁，法院可以考虑听取李华的意见。

同学们，我们虽然是未成年人，但我们的姓名权神圣不可侵犯。当他人侵犯我们的姓名权时，我们要勇敢地拿起法律的武器保护自己的合法权益。

知心信箱

亲爱的同学们：

当我们呱呱坠地时，我们的父母便给我们取好了姓名。我们的姓氏是一种血缘符号。我们的姓名蕴含着父母对我们的期盼和爱，也蕴含着我们每个人深厚的家族文化。我们应保护好我们的姓名，我们的姓名权不可侵犯。

接下来让我们来看看下面的这个同学是如何保护自己的姓名权的。

10周岁的张某某从小习武，年纪轻轻便是当地家喻户晓的功夫小名人。

一天，某杂技团到张某某家乡所在的县城表演，在演出大棚门口张贴海报，宣传该杂技团团长是张某某的启蒙老师，曾为他指导武艺两年，并以张某某作为广告人物，向外界进行宣传以招收杂技学徒。海报上的"张某某"三个字吸引了不少观众，为杂技团带来了可观的收入。张某某小的时候曾受该杂技团的邀请在该杂技团表演过，但"启蒙老师"的说法纯属捏造。

张某某的家长听说此事后很生气，要求该杂技团撤销广告，并赔礼道歉。但是杂技团态度强硬，拒绝撤销广告。最终，张某某的父母作为监护人，于

2017年9月将该杂技团告上法庭。法院要求该杂技团撤销广告，并且赔偿张某某30万元。

同学们，通常情况下，名人的姓名往往蕴含着很大的商业价值，如李宁牌运动服、乔丹牌运动鞋，都体现了姓名权的财产利益。张某某作为名人，他的姓名自然也有其财产利益。杂技团未经张某某的同意，擅自使用其姓名招揽观众，属于盗用他人姓名的名人效应来谋取利益，侵犯了张某某的姓名权。

同学们，如果他人没经过我们的同意擅自使用我们的名字谋取利益，就侵犯了我们的姓名权。更甚，如果他人利用我们的名字去做一些违法犯罪的事情，那就不仅仅侵犯了我们的姓名权，也侵犯了我们的名誉权。所以，我们必须保护好自己的姓名权。

通过张某某的案例我们知道，作为未成年人，我们的姓名权受到法律的保护。当我们的姓名权受到他人的侵犯时，我们可以提起诉讼，用法律捍卫自己的姓名权。

1. 小东的妈妈和爸爸离婚后，嫁给了一位姓金的男子。一年后，小东的妈妈因为乳腺癌去世。金爸爸没有经过小东的同意，擅自将她的姓名刻在墓碑之上，并书写"率女小东"等字样。对此举动，小东表示无法接受，并以侵犯自己的姓名权为由向法院起诉。你怎么看这件事？

2. 初中生小天与小何是邻居。一天，两家因为门口放垃圾的事情产生争执。小天很生气，故意给自己家的宠物狗起名"小何"，而且一见小何的面就训斥自己家的狗。你怎么看小天的做法？

未成年人状告生父争取姓名权获支持

继夫妻共同财产，孩子抚养权、抚养费、探望权等问题后，孩子的姓名权也成为夫妻双方离婚后引发诉讼的另一个主要原因。日前，镇江市某区人民法院就受理了一起离婚后因孩子姓氏被变更而引发的姓名权纠纷。

原告古某某（男）出生于 2006 年。2008 年，原告的父母亲经法院调解离婚，调解协议约定婚生子古某某归生母金某抚养。原告后来一直随母亲生活至今。

2009 年 7 月，原告的母亲金某为原告报户口时，未经被告，即原告生父古某同意，将原告的姓名以"金某某"进行登记。2010 年 7 月，被告古某发现上述情况后，至公安机关要求恢复原告的姓名，公安机关又将原告的姓名由"金某某"变更为"古某某"。但原告及母亲均不知道被告古某对原告姓名进行变更的事情。原告从就读幼儿园到小学毕业，均一直使用"金某某"的名字。直至今年原告小学毕业需要进行学籍核实时，原告才发现户籍登记的姓名被变更。

庭审中原告本人表示，只知道自己从幼儿园一直到现在就叫"金某某"，朋友、同学都叫自己"金某某"，自己已经习惯了"金某某"的名字，希望能够将自己户籍登记的姓名由"古某某"改回"金某某"，并提供了就读镇江市某实验小学的收据、镇江市围棋学院业余段位证、镇江市社会医疗保险证及社保卡等证件证明自己一直都是用"金某某"的名字，而且提交了原告书写的申请更改姓名呈批表一张及视频文件一份。

法院审理后认为，自然人依法享有姓名权，有权决定、使用和依照规定改变自己的姓名，禁止他人干涉、盗用、假冒。子女可以随父姓，可以随母姓。从本案的情况来看，虽然目前原告户籍登记的姓名为"古某某"，但原告自幼儿园、小学一直使用"金某某"的名字，该姓名已经为老师、亲友及同学熟知，已成为其稳定的生活学习环境的重要组成部分，继续使用该姓名，有利于原告的学习、生活和身心健康。原告已经年满 11 周岁，属限制民事行为能力人，按其年龄和智力水平，已经能够理解姓名的文字含义及社会意义，在选择姓名的问题上具备了一定的判断能力，在涉及切身利益的姓名权问题上应当充分考虑其本人的意见。原告继续使用"金某某"的姓名，不会改变其系母亲金某与被告古某子女的事实，也不会损害生

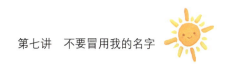

父、生母及他人的合法权益。最终法院判决对原告要求将其姓名由"古某某"变更为"金某某"的诉讼请求予以支持。

法官点评：我国相关法律规定，子女可以随父姓，可以随母姓。这是我国法律中对男女平等的重要体现。作为未成年子女的父母，在未成年子女姓名的问题上，应当以保护子女利益、保护子女健康成长作为前提和目的，决不能为了一己之私而置未成年子女的利益于不顾。随着我国离婚案件的日益增多，子女随父姓还是随母姓的纠纷也越来越多，但总的处理原则应该是以子女自身的健康成长为出发点，并充分考虑子女本人的意见。

（摘编自 https：//www.faniuwenda.com/Paid/News/index/id/24919.html）

第八讲　你侵犯了我的名誉

　　笑笑在某网络公司网站刊出的一组题为"探访戒网瘾学校"的照片中，发现了自己的身影。

　　第一张照片为笑笑正面全身照，她坐在汽车后排座中间，左右各有一名成年人。笑笑当时虽然微微低着头，目光朝下，但图片没有打马赛克或做其他模糊处理。

最重要的是图片还配有说明："某教育中心是一所戒网瘾学校，学校通过军事化管理帮助青少年戒除网瘾。目前，类似这样的戒网瘾学校在中国已经多达250所。为了帮助孩子戒除网瘾，很多父母将孩子送到戒网瘾学校，让他们接受心理测验和军事化训练。"

还有一张照片中，笑笑身穿便装，在沙发上与另外两名身着迷彩服的同龄女生交谈。笑笑手托下巴，头朝向另外两名女生。照片也配有说明："一名刚到中心的女孩子正与其他学生交谈。在父母的要求下，这名女孩到这里戒瘾。"

于是，笑笑起诉网络公司和教育中心侵害了自己的名誉权和隐私权。

法院审理认为，两张照片均可清晰地辨认出是笑笑本人，并配有"一名上网成瘾的女孩"和"这名女孩到这里戒瘾"等文字，侵犯了未成年人的隐私权和名誉权。判决该网络公司和教育中心在其网站上发布赔礼道歉声明，并赔偿笑笑精神损害抚慰金一万元。

同学们，从上面的案例中我们可以看出，在网络上发布信息，尤其涉及他人的隐私和名誉时，要特别慎重，不要侵犯他人的名誉权。

> 联合国《儿童权利公约》规定："尊重他人的权利和名誉"；"儿童的隐私、家庭、住宅或通信不受任意或非法干涉，其荣誉和名誉不受非法攻击。"
>
> 《中华人民共和国未成年人保护法》中规定："未成年人享有名誉权，其人格尊严受法律保护，禁止用侮辱、诽谤等方式损害未成年人的名誉。"
>
> 侵犯名誉权需要承担法律责任。根据《中华人民共和国民法典》第一百七十六条和第一百七十九条的规定，可以责令侵权人停止侵害、恢复名誉、消除影响、赔礼道歉、赔偿损失等。

依据《中华人民共和国民事诉讼法》的规定："当事人对自己提出的主张，有责任提供证据。"在涉及网络名誉权纠纷案件中，网络言论受害者作为权利主张的主体，需要提交证据证明涉嫌侵权的网络言论存在。如何固定证据呢？

一是对侵权页面内容进行截屏处理，制作网络打印件提交给法庭，并可以通过申请法庭当庭利用信息网络终端进行现场勘验的方式进行证据固定。

二是以公证处出具的公证书形式对涉嫌侵权的网络言论进行固定。网络言论受害者需要首先向公证机关提出证据保全申请，公证内容包括涉嫌侵权的网络言论的发布主体、发布时间、存在位置及言论内容等，然后再由公证员依规进行保全操作并出具公证书。当然，公证虽然需要一定的费用，但公证书是司法实践中应用最广、相对效力最高的一种证据保全方式。

三是数字签名技术（时间戳）取证手段。随着技术的进步，数字签名技术取证手段也逐渐进入人们的视野。诸如目前在司法实践中已经有所应用的"可信时间戳"认证，即通过一定的技术手段，由当事人采用自助方式进行取证并固定相关证据，特点是取证时间不受限，可在非工作日、工作时段取证。

有了证据，及时向网络服务提供者进行投诉是快速制止侵权行为的有效手段，也是后续判定网络服务提供者是否需要承担责任及责任大小的重要因素。

《中华人民共和国民法典》第一千一百九十五条规定："网络用户利用网络服务实施侵权行为的，权利人有权通知网络服务提供者采取删除、屏蔽、断开链接等必要措施。通知应当包括构成侵权的初步证据及权利人的真实身份信息。

网络服务提供者接到通知后，应当及时将该通知转送相关网络用户，并根据构成侵权的初步证据和服务类型采取必要措施；未及时采取必要措施的，对损害的扩大部分与该网络用户承担连带责任。

权利人因错误通知造成网络用户或者网络服务提供者损害的，应当承担侵权责任。法律另有规定的，依照其规定。"

受害者可以要求侵权者将文字、图片、视频等及时进行删除、屏蔽，并采取断开链接等必要措施，使得侵权行为消灭或侵权状态停止；可以要求直接侵权人赔偿因名誉侵权导致的经济损失、精神损害以及维权合理开支。赔礼道歉、消除影响以及恢复名誉的方式和范围，一般是由直接侵权人在发布侵权内容的原平台页面置顶位置连续一定期间发布致歉内容。致歉内容须提交法院审核。若逾期不履行，将依法承担拒不履行生效判决的法律责任。原告可以申请法院强制执行，选择一家全国发行的报刊，刊登判决主要内容，费用由直接侵权人承担。

知心信箱

亲爱的同学们：

名誉，是指人们对于公民或法人的品德、才干、声望、信誉和形象等各方面的综合评价。名誉权是人格权的一种。它主要表现为名誉利益支配权和名誉维护权。我们有权利用自己良好的声誉获得更多的利益，有权维护自己的名誉免遭不正当的贬低，有权在名誉权受侵害时依法追究侵权人的法律责任。

名誉权可分为公民的名誉权和法人的名誉权。

公民的名誉权主要包括：新闻报道、书刊杂志在对真人真事进行报道、评论、传播时都不得与事实不符，而影响公民原有的社会评价；任何人都不得以侮辱、诽谤的方法，损害他人的名誉；任何人不得捏造事实，陷害他人，败坏他人名誉。

2013年3月20日，《×报》刊登标题为《微博"明码标价"产业链浮出水面》的新闻报道。该报道中，记者未经调查核实，以第三方名义捏造虚假内容，发布"像姚某这样千万级粉丝的大伽，单独发一条软文价格2万元，转发一条几千元"的不实言论，并且报道被各大新闻媒体广泛转载。

　　姚某认为，该报道给其个人名誉和社会形象造成严重侵害。姚某先后通过经纪公司和代理律师向《×报》发函要求其停止侵害，并赔礼道歉；但《×报》一直拒绝删除该报道网络版及赔礼道歉。

　　法院经审理认为，《×报》侵犯了姚某的名誉权，判决被告×报社在判决生效10日起，删除《×报》网络版题为《微博"明码标价"产业链浮出水面》文章中关于原告姚某的全部内容，并在《×报》上刊登向原告姚某的致歉声明。

　　法人的名誉表示社会的信誉。这种信誉是法人在比较长的时间内，在它的整个活动中逐步形成的，特别是企业法人的名誉，反映了社会对它在生产经营等方面表现的总的评价。法人的名誉往往对其生产经营和经济效益产生重大的影响。因此，任何新闻报道、书刊杂志在对法人进行报道评论时，必须真实，与事实相符；任何人不得捏造事实，散布与法人真实状况不符的消息，败坏其名誉。

　　1989年，原告西安某医疗保健用品公司以被告西北某报社、陕西省某公司侵害其法人名誉权为由，向陕西省西安市某区人民法院提起诉讼。

　　原告诉称：1988年3月18日，《西北×报》刊载的报道中，公然散布本公司出售给西北某局职工医院200多万元的医疗器械中，一些大型设备存在质量问题，价格高出国家牌价。该报道见报后，不仅损害了本公司名誉，而且给本公司造成经济损失30万元。请求恢复名誉，赔偿损失。

　　某区人民法院受理该案后，依法组成合议庭，对该案进行公开审理，并于1989年9月18日判决如下：1.被告西北某报社登报为原告恢复名誉，消除影响，赔礼道歉；2.被告陕西省某公司赔偿原告经济损失30000元。

　　宣判后，被告陕西省某公司以原审判决由一方赔偿经济损失不公为由，向西安市中级人民法院提出上诉，西安市中级人民法院第二审于1989年12月

17日判决：1.维持原审判决的第一项；2.撤销原审判决的第二项；3.本判决生效后的1个月内，由陕西省某公司赔偿西安某医疗保健用品公司15000元，某报社赔偿西安某医疗保健用品公司5000元。

名誉侵权主要有下列几种方式：侮辱，诽谤，泄露他人隐私等。

侮辱是指用语言（包括书面和口头）或行动，公然损害他人人格、毁坏他人名誉的行为。如用大字报、小字报、漫画或极其下流、肮脏的语言等形式辱骂、嘲讽他人，使他人的心灵蒙受耻辱等。

有的同学抱有侥幸心理，认为没有指名道姓、指桑骂槐就没事。如果你所针对的对象是特定环境、特定条件下的具体人，即使没有指名道姓，同样可以构成对他人名誉权的侵害。

《中华人民共和国民法典》第一千零二十四条规定："民事主体享有名誉权。任何组织或者个人不得以侮辱、诽谤等方式侵害他人的名誉权。

名誉是对民事主体的品德、声望、才能、信用等的社会评价。"

诽谤是指捏造并散布某些虚假的事实，破坏他人名誉的行为。例如，某驾校有一位教练多次在外散布谣言说："徐教练借了人家很多钱，人品不行，技术不行。"结果导致徐教练学员流失，无法进行正常工作，精神不振，一度抑郁。

个人隐私是指公民不愿向他人公开的个人信息，如身体状况，包括是否患有某种疾病等，以及个人私生活的情况，包括私人活动等属于个人生活领域的事情。每个公民都享有个人的隐私权，作为未成年人同样也享有这样的权利。

如果未成年人的隐私权受到侵犯，受害人可以依法向人民法院起诉，要求追究侵害人的民事责任，如要求赔礼道歉、恢复名誉，请求侵权损害赔偿等。在侵权损害赔偿中，除了物质赔偿外，依法要求精神损害赔偿也是很重要的。

同学们，说到这里，我们就要注意了。例如，有的同学喜欢恶作剧，多次画漫画讽刺他人，对体形胖的同学喊不雅的称号，在网上毫无根据地肆意攻击他人，随意泄露他人隐私等。这些都会对他人的名誉构成侵权。我们千万不要这么做了。

中学生小红因相貌特殊，同班同学给她起了一个很难听的外号，这给她造成了很大的心理创伤，使她一度休学。

请问：

1. 同学的行为侵犯了小红的什么权利？理由是什么？

2. 如果你是她的好朋友，你能帮她想想办法吗？

网上开除员工侵犯名誉权，
经理赔偿每人1000元

公司经理在网上公开征集销售人员高价骗取信鸽公棚比赛服务费的线索，结果被 5 名销售人员起诉至法院。日前，天津市某区人民法院对该案做出一审判决。法院认为，公司经理的行为构成对销售人员名誉权的侵害，故判令其在网上刊登道歉声明，并赔偿每位原告精神损失费 1000 元。

某科技发展公司的主要业务是加工销售信鸽所用的电子足环产品。唐某等 5 人原系该公司的销售人员，而石某系公司经理，长期负责公司的销售业务。石某不在公司期间，公司销售业务由唐某负责。唐某等人在石某不在公司期间，将足环的外包业务承包给了唐某的姐姐。2013 年 12 月，石某在某网站刊登了开除唐某等 5 人的声明后，于 2014 年 2 月至 3 月 3 次在该网站上刊登声明："科技发展公司销售人员唐某等 5 人，因个人原因离职。从法院的案卷得知，该 5 人利用职务之便，侵占公司财产，坑害公司利益，把公司外包生意以高于其他加工商一倍半的价格，自行加工，骗取非法收入。现本公司怀疑 5 人把公司的订单转卖给其他设备商，高价骗取公棚的比赛服务费用，本公司将重奖提供线索者，特此声明。"

唐某等人认为石某刊登的内容系无中生有、凭空捏造，给他们的名誉造成损害，并将石某起诉至法院。庭审中，唐某等人的代理人表示，石某的行为使他们的人格降低、名誉失信，给他们的精神造成极大痛苦，严重影响了他们的工作、就业和生活。因此，请求法院判令被告石某立即删除侵犯他们名誉权的网页，在网上刊登为期一年的赔礼道歉声明，赔偿每位原告精神损失费 1 万元。而石某反驳，正常情况下，公司外包业务加工商加工电子足环的费用是 0.1 元一个，而唐某等人与唐某的姐姐以 0.25 元一个索要货款。石某表示，他在某网站刊登的相关内容已在本案立案之前删除，且某网所刊登的内容有充分事实依据，不存在侵犯名誉权的动机和行为。对于 5 名原告的诉请，他认为自己不存在侵权行为，5 名原告也不存在损害后果，所以他不应该承担损害赔偿责任。石某最后说，5 名原告找不到工作，系其自身原因，与本案无关。

法院经审理认为，公民、法人享有名誉权，禁止用侮辱、诽谤等方式损害公民、法人的名誉。名誉的核心是社会评价，因而只有在行为人所实施的侮辱、诽谤等行为影响到社会公众对受侵权人的评价时，才能构成对名誉权的侵害。构成侵害名誉权的要件主要有：确有名誉权受到损害的事实；行为人的行为不具有合法性；行为人与他人名誉权受到损害有因果关系；行为人主观有过错。本案中，被告在某网站上刊登的声明中，使用了"利用职务便利、侵占公司财产、坑害公司利益、骗取非法收入"等明显带有侵害原告人格的言辞，影响了对原告的声誉、信用等方面应有的社会评价，且被告亦未就其声明中原告所谓上述行为提供证据证实。因此，被告在无事实依据时刊登上述言辞，主观上存在过错，且其行为违反了《中华人民共和国民法典》的规定，结果已构成对原告名誉权的侵害。原告要求被告删除所刊登侵害名誉权内容之网页，庭审中被告称已将刊登网页内容删除，法院对此予以确认。就原告要求被告在网页上刊登赔礼道歉之主张，符合法律规定，应予支持。本案中，由于被告的侵权行为给原告造成的精神损失是客观存在的，考虑被告的过错程度、侵权行为等具体情节，给原告造成精神损害的后果等情况，酌定赔偿 5 名原告精神损害抚慰金各 1000 元。

（摘编自 http://www.110.com/ziliao/article-524846.html）

第九讲　我有申请专利的权利

　　浙江省某中学的小俞同学，虽然还只是一名普通的初中学生，但已经荣誉满满，获得全国奇迹创意科技系列活动竞赛一等奖、第六届全国小学科技大赛一等奖、长杭青少年科技奖等，荣获"全国环保之星""杭州少年科学院院士"等称号。其实，他的发明创造就源于身边的一些小事情、小细节。

9岁那年的一天，小俞在书房看书，无意间发现窗外衣架上的袜子在强风中像小鸟一样插上翅膀"飞走"了。于是，一个想法在他心中萌发：我要做一个东西，让袜子不再"飞"！说干就干，他拿出纸笔，在纸上认真画了起来。不一会儿，一个雏形便画好了。对着草图，他又是钻，又是磨，又是粘，终于把"袜子固定架"做好了。可是，一试效果，却没有他设想得那么好。小俞没有放弃，两个月内，他每天放学回家，做完作业，就钻进书房查资料、画图、做实物。经过7次失败，他最后终于做出了非常实用的"袜子固定架"。也就是这个发明，让他得到了他的第一个国家专利。

小俞曾经在接受采访中说道："我其实初衷就是想玩。做完之后发现，这个东西可以给大家带来便利。"现在的他已经申请了"袜子固定架""多用挂钩"等多项国家专利。

还是在浙江，嘉兴某中学的几位学生在2016年就已经获得了16个发明专利，令人赞叹不已。那么，他们是怎样做到这一点的？

在该校"嘉木扬长，高德归真"办学理念的引领下，这里的同学们走进生活、大胆想象，跳出课本，跳出教师，不迷信权威，不轻信已有结论；跳出课堂，关注自然、社会、人生、生活科技，在生活中应用知识。利用太阳能的"新型公交车站"，解决提重物时手被勒疼问题的"购物袋手柄"，方便两片蚊香分离的"蚊香分离器"，解决蚊香灰问题的"多功能蚊香盒"，不用戴耳塞直接无线遥控的"太阳能蓝牙音箱"……这16项专利都来自学生对日常生活的观察和体验。

细心的你肯定也已发现，生活、学习中的一些小发明、小创造距离我们真的不

遥远，一瞬间的灵感就来源于那些小细节。当我们真正获得了凝结着自己智慧结晶的独一无二的成果时，我们要学会保护自己的智力成果，让成果不被别人窃取；对成果进行推广应用也要获得我们本人的同意。这便是法律词语"专利权"的范畴。

《中华人民共和国专利法》对专利权做出了明确的界定：专利权是发明创造人对特定的发明创造在一定期限内依法享有的独占实施权，包括使用、收益、处分其发明创造，并排除他人干涉的权利。

法律对专利权都有哪些规定呢？

《中华人民共和国宪法》第四十七条规定："中华人民共和国公民有进行科学研究、文学艺术创作和其他文化活动的自由。国家对于从事教育、科学、技术、文学、艺术和其他文化事业的公民的有益于人民的创造性工作，给以奖励和帮助。"

《中华人民共和国未成年人保护法》第四十六条规定："国家依法保护未成年人的智力成果和荣誉权不受侵犯。"

《中华人民共和国刑法》第二百一十六条规定："【假冒专利罪】假冒他人专利，情节严重的，处三年以下有期徒刑或者拘役，并处或者单处罚金。"

根据上述法律规定，我们不难看出，当我们的发明创造真正上升到专利层面之后，这些智慧的结晶是受到法律保护的；在一定时间内，我们可以享受专利带来的收益。同时，任何单位与个人都不能在未征求专利所属集体或个人同意的情况下，推广使用其专利产品。

接下来，再介绍一个类似的概念——版权。版权又被称为著作权，是指自然人、法人或者其他组织对文学、艺术和科学作品依法享有的人身权利和财产权利的总称。版权是尊重价值、尊重知识成果的体现，近年来受到全社会的广泛关注。

专利权和版权都属于一个共同的概念，那就是知识产权。知识产权，也称为"知识所属权"，指权利人对其智力劳动所创作的成果享有的专有权利。知识产权包括两类：一类是著作权（也称为版权、文学产权）；另一类是工业产权（也称为产业产权），主要包括专利权与商标权。通俗地讲，知识产权的保护对象是智力创造成果，即发明，文学和艺术作品，外观设计，商业中使用的符号、名称和形象等。

知识产权在法律上受到保护，这让人们能够从其发明或创造中获得承认或经济利益。通过在创新者的利益和广大公众的利益之间达成适当的平衡，知识产权制度旨在营造一个有利于创造和创新蓬勃发展的环境。

xx文库里面共享的各种内容和材料形式非常受专业人士和普通从业者的欢迎。但是，xx文库也曾经因为知识产权问题遭受信任危机。2011年3月15日，50位作家公开发布声讨书，指责xx文库"偷走了我们的作品，偷走了我们的权利，偷走了我们的财物"。两天后，中国音像协会唱片工作委员会加入"战团"，公开声援文学界维权的呼吁和行动。某公司CEO也曾表示，xx文库盗版给某公司带来的损失一年超过10亿元。在舆论压力下，xx文库承诺3天内彻底删除文库内未获授权的作品，对伤害作家感情的行为表示歉意，并随即推出版权合作平台。

讲到这里，同学们现在一定能够理解韩寒曾说过的一句话："如果所有的书都可以免费阅读，那么长久下去，人们必将无书可读。"

亲爱的同学们：

你可曾发现，网络上有些资源的使用是需要付费的？比如腾讯视频中的一些经典电影和最新电影，网易云音乐中的一些歌手名下的歌曲，电子书里一些文档作品。这都是知识产权在未征得权利人允许的情况下不得使用推广的标志，也表明获得了知识产权的个人或单位是享有受益权的。大家是否有过这样的经历：有时候，我们觉得一本书太贵，就去复印、打印，或者去买盗版；一部时新电影，在电影院观看价格不菲，我们就从网络上搜罗一些所谓"枪版"的低劣录像来看。

专利权无小事，知识产权无小事。上述这些行为严重侵害了他人的知识产权，无形中打击了主创人员的积极性和参与度，破坏了创造产品的价值，最终会危害整个社会。

由于我国公众对于知识产权的保护意识还不强，所以部分人对于各种扰乱正常市场秩序的现象熟视无睹，而这样的纵容态度也助长了盗版市场的发展。在当今社会，知识是一种可以带来经济效益的资源。大多数原创型产品都有着很高的创作成本，这样的创新型产品很容易被剽窃创意。然后，剽窃者大批量地生产盗版和山寨产品，以谋取经济利益。2006年，温家宝总理在全国科技大会上指出，没有知识产权保护，就不可能有自主创新……保护知识产权，就是尊重劳动、尊重知识、尊重人才、尊重创造，就是鼓励科技创新。

我们需要重视保护知识产权，提高公众的知识产权保护意识，保护创新者的积极性与合法利益。

首先，我们应当尊重知识产权，不仅尊重他人的知识产权，也应当明确自己原创的知识成果应依法享有相关权利。

其次，我们应当掌握知识产权的基本常识，增强依法维权的意识，在自己的知识产权受到侵犯时，主动依法维护自己的合法权益。

作为青少年的我们，一定要养成创新和创造的意识。创意，虽说是一瞬间的灵感爆发，但背后还是有不少小窍门的。只有长年积累好习惯，才能爆发瞬间的创意。要养成随手记随手画的习惯，观察身边的各种物品，看它们有什么缺点或不方便使用的地方，然后开动脑筋对其进行改良。我们只有走进生活，观察生活，体验生活，才能让自己迸发出更大的灵感和活力。

实践
活动

1. 市场上盗版和"山寨"商品泛滥成灾，可口可乐变成"口渴可乐"，六个核桃变成"大个核桃"，康师傅变成"康帅傅"。当你买到这样的产品，当你面对盗版电影、书籍时，你会怎么做？

2. 你和同学都有哪些小发明创造？互相交流一下你们的创意。

课外
加油站

中学生发明安全插座，专利200万元不卖

田家炳中学高一学生曹袁最大的梦想是成为像爱迪生一样的发明家，目前他已拥有 3 项发明。

2018 年 3 月 16 日，记者在田家炳中学见到了刚参加完军训返校的高一学生曹袁。这个 16 岁的男孩看上去有点腼腆，但是一说起他的发明就眉飞色舞、滔滔不绝，就好像进入了另一个世界，一个属于他自己的世界。

曹袁现在拥有 3 项发明成果，其中一项已经获得国家专利，有人曾出价 200 万元购买。

发明安全插座，有人出价 200 万

曹袁的第一项发明是"多功能安全插座及插头"。插头上面的铜片长度只有传统插头的 1/2，插头及插座的安全性较传统产品大大提高：一是因为新发明采用凸凹式设计，人体无法接触导电金属体；二是因为地线导电插片先接触插座，如果漏电的话就可以通过地线跑了，不会伤到人。

2017 年 5 月，还在田家炳中学读初三的曹袁，凭借这项发明获得了九龙坡区青少年科技创新大赛二等奖。8 月 17 日，这项发明正式获得了国家知识产权局颁发的实用新型专利证书。据曹袁的班主任谭老师介绍，曾经有人出价 200 万元买这项专利，但被婉言谢绝了。

曹袁的另外两项发明，也已经向国家知识产权局申报实用新型专利。目前，两项发明均已被受理。

一项是"电热抱枕",里面有发热装置和保温材料,两只手对插进去,可以取暖。另外一项是"可调折叠式观察车身前部轮胎的后视镜"。曹袁说,这项发明的灵感来源于他回农村老家,乡村道路很窄,会车时由于视线不佳,难以判断前轮和路沿之间的距离以及车辆右侧和对面来车之间的距离,经常造成车辆剐擦或侧翻。他的发明是在现有的后视镜舱内加装一个可调节、折叠式的凸面镜,可以观察前轮和路沿之间的距离以及车辆右侧和对面来车之间的距离。

喜欢探险和兵器知识

曹袁的老家在农村,父母都在市场卖菜,家境并不富裕,而且他的父母觉得他是异想天开,所以对他进行发明并不支持。他为此还哭过很多次。因为父母不支持,曹袁搞科研、申请专利,主要是靠学校的补助和参加比赛的奖金,还有就是他利用假期到餐馆打工的收入。

班主任谭老师表示,曹袁的天资并不出众,但是他好学好问,很有想法,思维具有发散性和创造性,别人平时不注意的地方、容易忽略的身边的小东西,他都喜欢去琢磨。

曹袁说,他喜欢探险和兵器方面的知识,从小就很好奇,对知识有一种渴望,喜欢打破砂锅问到底,有时问得自己都不好意思了;而且有"多动症",遇到一个新东西就喜欢摸、喜欢动,希望破解,想搞清楚是怎么回事。

"努力不一定会成功,但不努力一定不会成功。"曹袁信奉爱迪生的一句名言:"天才是99%的努力加1%的灵感。"他说,他最大的梦想就是"成为发明家,超过爱迪生"。说到这里,这位略显羞涩的少年眼里充满了自信。

(摘编自 http://www.chinanews.com/cj/2012/03-20/3758726.shtml)

第十讲　消费维权知多少

　　2016年10月，正值国庆佳节，为了提高英语听力，山东省某市的初三学生张某某在某商场购买了原价1200元、现价999元的某品牌英语学习机。张某某高兴地使用了一周，学习机便出现声音断续、反应迟钝的现象。张某某认定是产品质量有问题，遂将产品返还商场，要求退款。商场工作人员坚持该产品是国庆活动期间购买的，不予退款，但是承诺予以产品免费维修，请张某某3天后来取。

3天后，张某某被告知产品已经返厂维修，商场可以提供给张某某另一款售价999元的学习机。但是张某某认为自己所购买的英语学习机当时是活动价格，因此应给自己提供一个同样原价1200元的学习机。商场工作人员不同意，双方争执不下。张某一怒之下，拿起一款标价1200元的学习机夺门而出。后商场工作人员报警。经协调，商场退回了张某购买产品的999元。

现如今最流行的消费购买方式当属电商网购了。网上购物以其独有的化繁为简的便利吸引了广大青少年的目光。但是，网上购物在我国还属新兴事物，由于不能当面试用交易，也存在着一定的隐患和消费维权的误区。

2018年8月15日，广东某地中学生小王利用自己暑假打工挣钱所得加上春节期间的压岁钱，通过某品牌电子商城app购买了一台笔记本电脑，5299元，收到货物时间为8月16日。在使用仅仅8天之后，8月24日电脑出现严重问题，无法开机。经厂商售后维修确认是主板问题。其本人在网上搜索了一下，发现有大量该品牌笔记本消费者都反馈了同样问题。基本可以确定，该笔记本电脑存在严重的质量问题。由于刚好使用到第8天出现的问题，超过规定的7天换货期，所以商城不予退货。付出"重金"的小王心急如焚，不知道怎样才能挽回自己的损失。

消费权关乎青少年的安全、健康乃至幸福。如何让自己的消费权利得到保障是我们亟须关注的问题。上述两个案例就是发生在我们周围的典型情况。

让我们来具体解读一下消费维权的相关事宜吧。

青少年消费维权存在着一些障碍和误区，主要表现为：

1. 维权意识薄弱。消费维权行为建立在消费者自身具有维权意愿的基础上，没有维权意识就不会产生维权行为，维权意识的强弱直接决定着维权效果的优劣。现实生活中，青少年消费者放弃维权，忽视对自身合法权益的保护，放任一般侵害行为的现象比较普遍。

2. 识别侵害行为难。青少年消费者认知能力有限，在消费过程中往往不知道合法权益遭到侵害，对于假冒伪劣商品难以识别。

3. 提取证据难。青少年消费者多在个体工商户开办的小型商店、超市内购物，而农村地区的商店多数不提供票据。青少年消费者没有索要票据的习惯，增加了后期消费维权的难度。

4. 不熟悉法律规定。青少年消费者信息相对闭塞，对《中华人民共和国消费者权益保护法》等法律法规的基本内容不了解。

5. 没有掌握维权途径。青少年消费者意识到自己的权益受到侵害，却不知道通过何种途径解决，对经营者的侵权行为束手无策。特别是对于网购行为，因交易过程简单、店铺虚拟，一旦出现商品问题，青少年消费者不知道如何维权。

上文中分析的各种缘由已基本涵盖了我们日常消费生活的各种问题。归根结底，是大家对关乎自身权益保障的相关法律不熟悉。与消费维权相关的有一部法律和一个组织，一部法律是《中华人民共和国消费者权益保护法》，一个组织就是消费者协会（简称"消协"）。

《中华人民共和国消费者权益保护法》的颁布与施行，是我国第一次以立法的形式全面确认消费者的权利。它为打击假冒伪劣、提高产品质量提供了有力的法律保障。《中华人民共和国消费者权益保护法》是消费者维权的有力武器。《中华人民共和国消费者权益保护法》的颁布实施，催生和强化了消费者的权利意识和自我保护意识。《中华人民共和国消费者权益保护法》规定了消费者享有安全权、知情权、选择权、公平交易权、获赔权、结社权、获知权、尊重权、监督权等9项权利。我国公民作为消费者应该拥有的权利，第一次在国家法律中做了系统规定。随着《中华人民共和国消费者权益保护法》的贯彻实施，越来越多的消费者开始知晓并注重维护自己应有的合法权益。

《中华人民共和国消费者权益保护法》的各项条文对与我们平时密切相关的消费权益进行了系统的规定。

例如：有关强买强卖问题，《中华人民共和国消费者权益保护法》第四条规定："经营者与消费者进行交易，应当遵循自愿、平等、公平、诚实信用的原则。"第十六条第二款规定："经营者和消费者有约定的，应当按照约定履行义务，但双方的约定不得违背法律、法规的规定。"

有关商家及所售商品存在欺诈或欺骗消费者行为的，《中华人民共和国消费者权益保护法》第五十五条规定："经营者提供商品或者服务有欺诈行为的，应当按照消费者的要求增加赔偿其受到的损失，增加赔偿的金额为消费者购买商品的价款或者接受服务的费用的三倍；增加赔偿的金额不足五百元的，为五百元。法律另有规定的，依照其规定。"

有关商品虚假宣传问题的，《中华人民共和国消费者权益保护法》第八条第一款规定："消费者享有知悉其购买、使用的商品或者接受的服务的真实情况的权利。"第二十条第一款规定："经营者向消费者提供有关商品或者服务的质量、性能、用途、有效期限等信息，应当真实、全面，不得作虚假或者引人误解的宣传。"否则根据《中华人民共和国消费者权益保护法》第五十五条规定"退一赔三"。所以，商品不得涉及虚假宣传，不得有欺诈的主观故意。

有关网购问题的，《中华人民共和国消费者权益保护法》第二十五条规定："经营者采用网络、电视、电话、邮购等方式销售商品，消费者有权自收到商品之日起七日内退货，且无须说明理由……"第四十四条第二款规定："网络交易平台提供者明知或者应知销售者或者服务者利用其平台侵害消费者合法权益，未采取必要措施的，依法与销售者或者服务者承担连带责任。"

根据上述法律条文的规定，上文案例中的两位同学可向当地工商局反映真实情况，依靠法律武器来保障自己的合法权益不受侵害。除各地工商局外，《中华人民共和国消费者权益保护法》规定，政府支持消费者协会开展消费保障工作和活动。消费者协会是社会组织，有组织优势，可组织理事单位（相关行政职能部门、行业主管）开展活动并通过其查处案件；可依靠社会力量，通过调解、督促和社会监督等方式来发挥保护消费者权益的作用。可以看出，消费者协会是跟我们的生活息息相关的组织，也是我们碰到消费纠纷时寻求帮助、投诉、寻求双方商议调解的最佳组织。当然，我们碰到消费纠纷时也可以向法院提起诉讼。

同学们也可以成为消费维权的志愿者，努力学习法律知识，义务开展消费维权知识宣讲活动，与消费者协会一起普及相关法律知识，提供法律咨询、消费纠纷调解、法律援助等服务，保障大家合理合法的消费行为。

亲爱的同学们：

在日常生活中，为了满足物质所需和精神追求，人们必然要进行消费活动。作为青少年，同学们虽然没有雄厚的财力基础，却有着强大的消费热情和诉求。事实上，同学们都属于消费者中的弱势群体，消费需求范围广、内容丰富，但消费知识缺乏，维权意识淡薄，一旦遇到消费安全问题就可能出现严重后果。

以我们经常接触的文具为例，含荧光增白剂的作业本、含塑化剂和甲醛的香味橡皮、含苯的修正液、含砷和钡等重金属的油画棒、含防腐剂和硼的彩泥等假冒伪劣产品影响着我们的健康。然而，同学们却非常容易被这些颜色鲜艳、造型新颖的产品吸引，购买时忽略了产品质量安全问题。正是因为如此，很多商家利用青少年的好奇心，进行虚假宣传，通过出售各种伪劣产品牟利。所以，我们的维权意识必不可少。那么，如何增强维权意识呢？

每年的3·15晚会让全国人民瞩目。它是由中央电视台联合国家有关部门，为维护消费者权益，在每年3月15日晚共同主办并现场直播的一台大型公益晚会。晚会上播出的调查节目一般紧跟当下的消费热点，追踪消费生活中不为人知的"潜规则"，曝光侵害消费者权益的重重"黑幕"。同时，监管部门即时对晚会现场曝光的不法商家展开执法行动。有关部门会结合晚会中曝光的消费侵权现象，现场发布相关权威信息。针对百姓日常生活中常常遭遇的一些消费陷阱和误区，晚会通过现场试验等手段，发出消费预警，提醒消费者规避消费风险。同学们可关注该晚会，以了解更多有关消费权益的知识。

另外，同学们要积极参加消费维权教育活动。通过到附近的超市、市场进行实地消费体验，听取现场传授辨别商品真伪的常识，学会正确选购合格安全的商品。还可以跟随消协工作人员到超市体验消费维权的过程，学会切实维护自身的合法权益。同时，认真参与学校开展的消费维权竞赛、维权知识辩论赛、维权知识演讲比赛，增长辨假识假的能力。

除此之外，在消费活动中，同学们一方面要擦亮眼睛，学会分辨产品的真伪、质量的优劣，不能仅仅考虑外形奇特或是夸大的优惠力度；另一方面，购买商品时要明确该商品的实际功能、保质时间、售后服务等，一定要记得保存好收据，以免出现商家不承认该商品是自己销售的情况。如果商品购买后短时间内出现非人为的严重质量问题，一定要理性对待。首先，找商家说明情况，协商解决。如果商家不予理会，则告知家长，请家长出面协商。千万不可以意气用事，冲动之下与商家发生冲突。这样不仅不能维护自己的权益，还有可能受到处罚，可谓得不偿失。倘若协商未果，则拨打12315消费者投诉电话，向有关部门反映情况。有关部门会依据相关法律规定进行处理。

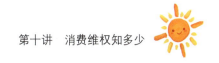

请看下面的例子：

生活中，充话费赠手机的活动屡见不鲜，然而赠送的手机问题频出。赠送物品的"三包"责任可否免除？

2017年3月，中学生小张在铁岭市开发区某手机专卖店办理交费赠机业务时，得到一部手机。但是该手机先后出现了通话有杂音、无原因黑屏等性能故障，维修了三次。再次出现故障后，小张找到经营者，要求更换。经营者称是赠品，拒绝更换，只同意维修。

2017年8月25日，小张来到铁岭市消协投诉。

经调查了解，消费者反映情况属实。铁岭市消协认为，依据《移动电话机商品修理更换退货责任规定》，移动电话机的"三包"有效期为一年，经营者不能以赠品为由拒绝承担"三包"义务。根据这部手机在一年内已经维修了三次的事实，经营者应该为消费者免费更换手机。

经调解，双方达成一致，经营者同意为小张免费更换一部同规格同型号的手机。

总之，任何时候，拿起法律武器维护自己的权益都是我们的明智选择。同学们，你知道懂法用法的好处了吗？

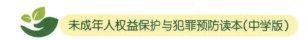

1. 在某次超市促销活动中，你以六八折的价格购买了一套学习资料，回到家拆开后才发现该系列书为盗版，存在缺页和字迹不清问题。作为中学生的你该如何进行维权呢？

2. 许多中学生钟爱校园周边流动摊贩卖的"三无"食品，而该类食品安全消费问题尤其让人担忧。价格纠纷、食品安全，亟待人们解决。你有什么解决方案吗？

 **课外加油站**

消费之声

日常生活中，每个人都要消费。有消费，就免不了会有消费纠纷发生。但很多人不知道消费纠纷发生时，哪些材料可以作为消费维权证据；不知道维权取证时，

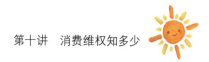

商家阻挠该怎么办；不知道网购证据保留应该注意哪些事项。

现在我们就教大家消费维权6大知识点，帮助同学们进行消费维权。

消费时哪些材料可以作为维权证据？

①录音、录像；

②盖公章的旅行行程表、计划书；

③消费清单加盖公章；

④网上交易记录、聊天记录。

取证时，受到商家阻挠怎么办？

①取证必须在安全合法的情况下进行，要确保人身安全。

②应明确取证的类型和用途，在取证前做好方案，应对不必要的阻挠。

③取证时尽可能两人以上一起行动。

④如人身安全受到侵害，应尽快中止取证，必要时报警。

购买数码产品应注意事项

实体店购买，索要小票、发票和保修单——注意核对小票、保修单、发票所述产品名称、规格是否与实际产品一致，单据的抬头是否与商家名称一致。

网络购物时应注意事项

消费者应要求商家在快递商品时，一并将小票、保修单、发票寄送给消费者，同时要保留整个过程的电子数据，尤其是成交页面、付款页面。

网络购物证据保留注意事项

①注意索要发票并保存——发票是最为客观有效的证据，注意防范假发票。

②保存交易中使用过的单据——快递单、收货单、付款单等等。

③保存涉及交易的聊天记录——QQ、微信或阿里旺旺等聊天工具的沟通记录。

④保存电商网站的交易记录。

⑤保留交易产品包装。

旅游消费证据保留注意事项

①保留纸质原件——旅游合同要确认旅行社的名称、营业证号码、旅行社业务经营许可证号码。

②旅游行程表、计划书——要确保旅行社具有提供境内外旅游的服务资质以及行程表、计划书适合自己。

③拍摄、录音取证。

④向所在地有关部门投诉或报警。

⑤保留其他团友联系方式——便于互相助证。

此外，我们为大家收集了生活中常用的投诉举报电话，希望对大家有所帮助！

消费者投诉电话：12315

质量监督投诉电话：12365

价格举报电话：12358

国家旅游服务热线：12301

邮政行业消费者申诉电话：12305

文化市场举报热线：12318

食品药品安全投诉举报热线：12331

工信部申诉电话：12300

网络不良与垃圾信息举报电话：12321

（摘编自 http://www.sohu.com/a/201573833_100013215）

第十一讲　让校园欺凌远离我

这天，女生珠珠心情很不爽，想打人。

于是，她找到自己的四个朋友，在宿舍内随意找到两个女生——圆圆和清清，开始对她们进行辱骂和殴打。

珠珠五人觉得光辱骂和打人还不过瘾，她们脱光了圆圆的衣服，开始肆无忌惮地羞辱她，并用手机拍摄了羞辱、殴打视频，发到了她们的微信群内。

而清清则被她们先后殴打了三次。

后来，经鉴定，圆圆和清清均构成轻微伤，其中圆圆一度精神抑郁，无法正常生活、学习。

她们将珠珠等五人告上了法庭。

法院认为，被告人珠珠伙同另外四名被告人无故随意殴打他人，造成二人轻微伤，辱骂他人情节恶劣，侵犯了公民的人身权利，严重影响公民的正常生活，破坏了社会秩序，已构成寻衅滋事罪，且系共同犯罪，依法应予惩处。

鉴于五名被告人实施犯罪时虽然已满16周岁，但均未满18周岁，在被羁押后均能如实供述自己罪行，并考虑到五名被告人的父母积极赔偿被害人的经济损失，且取得了被害人谅解，依法对五名被告人从轻处罚。

最终，法院依法判决被告人珠珠犯寻衅滋事罪，判处有期徒刑1年。其余四名被告人犯寻衅滋事罪，分别判处有期徒刑11个月。

法律讲堂

同学们，从上面的案例中我们发现，珠珠与圆圆、清清并没有什么矛盾，只是因为珠珠心情不爽，就约了四位朋友随意打骂她们。这不属于青少年之间偶发的打架等冲突，属于校园欺凌。

校园欺凌指的是发生在校园内外、学生之间，一方（个体或群体）单次或多次蓄意或恶意通过肢体、语言及网络等手段实施欺负、侮辱，造成另一方（个体或群体）身体伤害、财产损失或精神损害等的事件。它都有哪些不同的形式和具体表现呢？

欺凌方式	具体表现
语言欺凌	起侮辱性绰号、恶意取笑、故意中伤、辱骂、羞辱……
肢体欺凌	用圆规等硬物扎、推搡、拳打脚踢、限制人身自由……
关系欺凌	故意排挤、刻意孤立、团体拒绝……
财物欺凌	收保护费、敲诈勒索、抢劫、抢夺财物……
网络欺凌	通过电子邮件、手机短信、QQ、微信、博客、论坛等散播谣言、中伤他人……
性欺凌	故意脱人衣服，传播色情图片、视频，强迫他人看色情图片、视频，使用性暗示性语言，拍裸照，强奸，猥亵……

当然，在许多欺凌事件中，这几种形式通常不是单一出现的。如上面案例中珠珠等五人随意辱骂他人，属于语言欺凌；多次殴打他人，属于肢体欺凌；故意脱光了圆圆的衣服羞辱她，属于性欺凌；用手机拍摄羞辱、殴打视频并发微信群，属于网络欺凌。

在校园欺凌中，肢体欺凌、语言欺凌和关系欺凌这三种形式的欺凌是普遍存在于学生中间的。

在肢体欺凌中，推搡、殴打等很容易引发暴力冲突，致使自己和他人的身体都遭受巨大伤害，有的甚至导致死亡。在语言欺凌中，同学的挖苦、讽刺等如箭一般刺伤人的心灵，带给人伤痛；它往往伤害人的自尊，容易滋生自卑、封闭、仇恨、报复等情绪和行为。关系欺凌，则是将受欺凌者排挤在团队之外。假如一个同学长期遭受孤立，不断忍受孤独，如果不能及时排解和发泄，久而久之，就会导致出现逃避、辍学等现象，甚至产生精神问题。

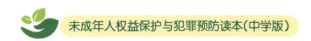

以下是一位被欺凌者的自述：

刚开学还不到一个月，我就不愿意上学了。因为有几个同学总是叫我"胖子""胖墩子""熊猫"，他们一边叫，一边哈哈大笑。我觉得那是对我的侮辱，我特别讨厌他们，可是我又没有人可以诉说，我还是不去上学了。

欺凌行为会给被欺凌者带来很大的伤害。经常受欺凌的同学，很难信任他人，性格上也会变得畏缩，更容易产生焦虑、生气、敌意、沮丧等情绪，并且遭遇的欺凌程度越高，表现越明显。

经常遭遇校园欺凌的同学对学校缺乏归属感，对学习缺少兴趣，并且较少投入到学校的课外活动中；他们缺乏责任感，缺少自信，会有一种控制不了自己生活的感觉，对未来没有清晰的目标。

当然，欺凌行为伤害的不仅是被欺凌者，也会给欺凌者带来很大的影响。按照《中华人民共和国刑法》的有关规定，已满16周岁的人违反刑法，应承担刑事责任。如果涉案人员已满16周岁，视情节轻重程度，可能得到的惩罚除赔偿医疗费、误工费、护理费、必要的营养费及给受害人及亲属带来损失的其他合理费用外，还会受到拘留或刑事处罚等。如欺凌者不满16周岁，则责令家长或监护人加以管教并赔偿受害方相应的费用。另外，在必要的时候还可以由政府收容教养。如案例中的珠珠等五人不仅需要赔偿被害人的经济损失，还被判处有期徒刑。

亲爱的同学们：

大家都不愿意欺凌发生在自己身上吧。因为在校园欺凌中，没有赢家，事件双方都是受害者。

对受欺凌者来说，欺凌带给他们的是肉体上的损伤、残疾甚至死亡。而且，那些被欺凌的经历也会在他们心里留下很深的烙印，造成精神上难以弥补的伤害。英国国家儿童发展中心经过50年的追踪调查，发现在学生时代经常受欺凌的学生，在45岁时会有更大的抑郁、焦虑和自杀风险。

对于欺凌者来说，欺凌行为不仅"不酷"，而且还会给自己带来不良后果，严重的会导致自己受到法律的惩罚。

当欺凌发生时，我们该如何做呢？

首先需要捍卫自己的权利。我们要坚信：任何人都有权利使自己免受欺凌，有权利受到他人的尊重，有权利表达自己的观点和感受。

如果有人在日常行为中表现出对我们的不尊重，我们有权利勇敢地对他说"不"。当有人一再喊你的绰号时，需要告诉他你的真实感受，请他尊重你；当有人故意打骂你、推搡你的时候，需要勇敢地告诉他：请尊重我，我有权利还击或者告诉大人。

其次，要记住，千万不要在受欺凌时给自己贴个标签：天生倒霉，活该受欺凌。更不能在遭受欺凌后，把自己关在屋子里，封闭自己，一定不能有自残或者有自杀行为。这不仅无助于问题的解决，反而会进一步加深对自己的伤害。

遭受欺凌，我们要运用智慧进行自保和反抗。当自己还没有一套足够自保的技能时，不要用自己的身体作代价反抗欺凌，因为此时你的反抗往往会使欺凌行为变本加厉且持续更长的时间，使自己遭受更大的伤害。必要时，一定要用法律的武器保护自己，切忌情绪冲动，以暴制暴，让自己触犯法律。

有这么一个案例：

17周岁的小轩和小光是同学。小光多次向小轩索要钱物，并打骂小轩。小轩觉得自己老受欺负，于是在上学路上用匕首将小光刺伤，被告上法庭。经鉴定，小光的损伤构成轻伤。

法院认为，小轩故意伤害他人身体，致人轻伤，其行为侵犯了公民的身体健康权，构成故意伤害罪。因小轩未成年，归案后认罪态度较好，并且积极赔偿被害人的经济损失，取得了被害人的谅解。被害人小光也有过错。法院依法对小轩从轻处罚，并适用缓刑。据此，认定小轩犯故意伤害罪，判处有期徒刑6个月，缓刑1年。

小轩原本是受害者，可是因为自己的冲动行为触犯了法律，受到法律的惩罚。

遭受欺凌，有效的方法是及时告诉成年人（老师或者是家长），取得他们的帮助。出现下面任何一种情况，你都需要立即告诉成年人：如果你不想去上学；如果你在回避学校里某些人或某些地点，这对你的学业、情绪产生了负面影响；如果你发现自己一直为这个问题苦恼；如果你试图阻止欺凌，但它仍然在继续发生；如果你感到抑郁或者想要自杀。

遭受欺凌后，我们最需要做的不是一味怨恨欺凌者，而是改变自己。人生最大的挑战不是改变别人，而是要有勇气改变自己。去打篮球、练拳击、练跆拳道等，让自己的身体健康强壮。去学音乐、学跳舞、练习书法等，让自己的生活过得充实而快乐。邹市明14岁时，因为总被女孩欺负，被抓伤额头，父母将他带到一家武术学校练武术。后来，他居然成为一代拳王。去结交更多志同道合的朋友，因为人际圈比较广的同学受到欺凌的可能性要小很多。

校园欺凌大多具有隐秘性，通常会发生在楼梯拐角、厕所、寝室或上下学路上。这类环境几乎没有外力控制，同学们很容易在情绪失控的情况下做出非理性行为。我们要尽量少在欺凌多发地逗留，这样遭受欺凌的可能性就会减小。

如果欺凌发生时，你是旁观者，需要先评估自己的能力，再采取适当措施。当自己有绝对的把握和能力制止欺凌行为时，请大胆制止。如果不能，也请及时告诉成年人。请记住，这不是"告密"，不是对伙伴的出卖，而是一种恰当的报告。因

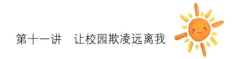

为告密的目的是故意让他人倒霉，而我们的目的是为了获得帮助，为了保护同学和自己的安全。

要记住，欺凌别人永远是不对的，遭受欺凌也是不应该的。我们需要安全、快乐的环境，这需要我们每个人为之付出努力。

1. 选择不同年级的同学，调查一下你们学校有没有欺凌现象。

校园欺凌事件调查表

调查对象	是否遭遇过欺凌	何时何地	原因

2. 根据你的调查，给学校写封信，就学校的校园欺凌现象提一些建议。

她将带头欺凌者送入牢狱

浙江温岭的王女士从高中一年级时就受到校园欺凌，谁敢帮她，就会一起受到排挤。高中毕业后，欺凌从网上到网下一直没有停止，几乎持续了10年。她终于忍无可忍，拿起法律武器维护自己的权利，起诉一个带头诽谤者。

沉默的受害者

王女士2008年考入温岭某著名高中，刚开始成绩在班级前几名。她比较自信，爱表现，上课回答问题很积极。另外，王女士相貌也不错，在学校比较显眼。

2009年2月，两个同学打碎了王女士一个杯子，同桌开玩笑说这个杯子值300万元。结果这句话被人发到学校的百度贴吧上，说她自称杯子要300万。她虽然一再解释没讲过这样的话，但被几个人一口咬定"就是你说的"。

话越辩越黑，她的所有言论都被人翻出并曲解，几次传播后变成了"高一某班出了一个神奇的女子，自称所用茶杯300万元。父母年收入几亿，上小学时就整容，男朋友成群……"至今在网上搜这所中学，有"神女"的帖子依然排在前列。

此后，她几乎沦为"公敌"。她曾经被一位学姐打过数十个耳光，被谣传成卖淫女，数次受到羞辱。有一些善良的校友支持她，就被骂成脑残。

2009年，王女士有了抑郁倾向，曾数次试图自杀，所幸没有成功。

学校的百度贴吧管理团队都是本校学生，他们没有删除人身攻击的帖子，反而主动进行诋毁。后来被王女士起诉的蒋某，就是当时其中的一个管理员。

从上大学到结婚、生子、工作，欺凌还在继续

在高中受到这样的欺凌，致使王女士的学习成绩急剧下滑。由于抑郁症严重，王女士一度休学，最后勉强毕业。

然而，噩梦并未就此终结。在上大学后，有人到王女士所在大学论坛宣扬她的"过去"，指名道姓地攻击她。后来，她玩微博会受到攻击，有孩子后上母婴网站被攻击，玩知乎照样被攻击。无论在哪里，总有认识她的人不厌其烦地到处复制粘贴她过去的经历。

网上如此，网下的实际生活中也是这样。王女士开过两家店，都在生意最好时因为受到校友或其他认识她的人攻击，导致她抑郁症复发而结束经营。

受害者开始反击

从收集证据到起诉，官司一路顺利。

由于那个学校贴吧吧务最近是在某网站上发的帖，王女士先起诉某网站，要求提供发帖者的注册信息和帖子浏览量、转发量数据。

拿到这些证据后，发现发帖者就是蒋某。王女士说，她和蒋某并不在同一届，以前根本不认识，只知道他在贴吧上骂自己。

王女士到法院起诉蒋某，并向法院提交了14页蒋某在某网站上发表的人身攻击帖子截图，还有一张光盘，以及网站母公司北京××科技有限公司提供的情况说明，还有发帖人注册的手机号码。

法院委托公安机关调查该注册手机号，证实持有人为被告人蒋某，通过户籍资料证明被告人的身份情况。

法院在判决书中指出，上述证据来源合法，证据之间能够相互印证，形成完整的证据链，足以认定王女士指控的事实系被告人蒋某所为，蒋某构成诽谤罪。

温岭市人民法院先对此案的刑事部分宣判，判处被告蒋某3个月拘役。

法官建议

如何维护自己的权利，防止他人的人身攻击和诽谤？

"法律不保护权利上的睡眠者。"根据《中华人民共和国刑法》的规定，诽谤罪除了严重危害社会秩序和国家利益的以外，其余的行为需要被害人向法院提出控诉才行。

网络千变万化，打官司前固定证据是非常重要的：一是确定诽谤者是谁；二要知道诽谤的内容是什么；三要通过公证等手段将证据固定下来。

法官还指出，网上发帖是每个公民享有的权利，但表达诉求的内容必须实事求是，不能任意捏造、虚构及进行人身攻击，否则就会受到法律的追究。此案中的蒋某庭审中一直拒绝认罪，法院仍是根据在案证据认定犯罪事实。

网络有着便利、即时和缺乏审核的特点，每个人都可能成为"新闻自媒体"，可以更直接、便捷地发表言论。但网络空间绝不是"法外之地"，网络也不是"虚拟社会"。无论是网络大 V 还是普通草根，无论是知名社区还是小众论坛，只要敢触犯法律的边界，都要受到法律的严惩。

（摘编自 http：//wemedia.ifeng.com/56853316/wemedia.shtml）

第十二讲　他也是受害者

　　2015年3月，一则中国小留学生在美绑架、欺辱同胞的新闻引发广泛关注。

　　这些小留学生都干了什么呢？

　　美国《侨报》报道，受害者之一的刘某出庭做证时表示，对她的残暴罪

行包括扒光衣服，用烟头烫伤乳头，用打火机点燃头发，强迫她趴在地上吃沙子，剃掉她的头发并逼她吃掉等。

主犯翟某直到4月14日出庭时还没弄清自己所犯罪行的严重性。在她看来，这不过是在中国校园司空见惯的学生恶作剧或打群架之类的小事，充其量被校长发现后训斥一顿，顶多是记过，连开除学籍都轮不到，更谈不上被警方逮捕，还要坐牢，甚至"终身监禁"。

可事实是，"大姐大"和同伴不仅摊上事儿了，还是个大事情，面临6项刑事罪名指控。它们分别是：一项折磨罪、三项绑架罪和两项殴打罪。前四项皆是重罪，尤以折磨罪最为严重，该罪名最高能够判到"终身监禁"。

翟某和另外两位成年犯刚满18周岁，本案中还有未成年人参与，法官会先裁定这些15~18周岁的学生走成人程序还是少年犯罪程序，再做相应处理，即使未成年也一样会被处罚。总之，每一个人都面临严厉惩罚。

本案中，男学生张某引人注意，他没有亲自动手欺负他人，可"大姐大"面临的6项罪名他也一个没落下。张某是"大姐大"的男友，事发当日，他负责开车。在女生动手的时候，他在旁望风看热闹。根据加州的法律，他也是共犯。

《世界日报》报道，犯罪嫌疑人杨某的代理律师说，折磨罪在美国十分罕见。他执业30多年来，这是代理的第一起。可见，在美国加州的法律体系中，这些学生的欺凌手段非常残忍。

庭审那天下午四点左右，三个主角出场了。他们穿着天蓝色的囚服。翟某一出场就用目光向听众席上扫描，她的妈妈坐在角落。母女在法庭上遥望，女儿的眼神里流露出一丝依赖，妈妈无奈地擦了擦眼泪。翟某的目光一直盯着妈妈，双手被铐着。妈妈已经无力拯救她，她是成年人，一切行为自己负责。

已经签署的认罪协议书已经递交到法官手中。检察官、律师与当事人经历了8个月调解，签署了认罪减刑协议。翟某判13年，杨某判10年，张某判6年。三人在宣判之前关押的每一天算服刑两天。正式判的刑期还可以按75%

计算。加州的监狱人满为患，所以就有了"打折处理"。照此计算，翟某的刑期将不满8年，杨某不到5年，张某大约为3年多。服刑期满后，三人将被驱逐出境。有犯罪记录者难以再入美国。

受害同学已经被严密保护起来，第一次出庭是警察护送而来。法官当庭宣布，不准记者采访，不准拍照，不准写真实名字。这些措施保证她可以在美国继续念书，平安生活。那些凌辱过她的人再也不敢来报复、伤害她，因为代价太大。她的律师已经开始民事经济赔偿的起诉。

一起震惊中外的中国学生凌辱案终于尘埃落定。

同学们，看到这个案例，你有什么想法？

大概翟某没想到自己会受到如此的惩罚吧。案发之后，她还天真地威胁对方："不要去报警，我们局子里有人的。"她能纠集到12个同学一起凌辱他人，这种嚣张也不是一天养成的。

这个案例中有未成年被告人，他们由少年法院进行审理，其中，一名16周岁的女性未成年被告人承认参与凌虐行为，并且实施了可能导致严重身体伤害的攻击行为。另一名17周岁的男性未成年被告人承认携带致命性武器及传递烟蒂给施暴人，均被判入少年训练营（类似我国的工读学校）9个月。

如果这个案件发生在中国，由于被告人均已年满16周岁，即便没有造成被害人重伤或者轻伤，仅凭非法拘禁被害人数小时和聚众侮辱妇女的情节，被告人也将被以非法拘禁罪和强制侮辱罪两罪并罚，量刑很可能在5年至15年有期徒刑之间。如果造成被害人重伤的后果，则还可能构成故意伤害罪，最高刑是死刑，这比美国终身监禁的最高刑罚严重多了！

也就是说，三名成年被告人如果在中国犯案，受到的刑罚绝不会比美国轻；两名未成年被告人也会因为均年满16周岁，达到我国的完全负刑事责任年龄，而被判处相应的刑期。

《中华人民共和国刑法》的规定

1. 已满十六周岁的人犯罪，应当负刑事责任，即为完全负刑事责任年龄。

2. 已满十四周岁不满十六周岁的人，犯故意杀人、故意伤害致人重伤或者死亡、强奸、抢劫、贩卖毒品、放火、爆炸、投放危险物质罪的，应当负刑事责任，即为相对负刑事责任年龄。已满十四周岁不满十六周岁的人不犯上述之罪的，不追究刑事责任。

3. 不满十四周岁的人，不管实施何种危害社会的行为，都不负刑事责任，即为完全不负刑事责任年龄。

4. 已满十四周岁不满十八周岁的人犯罪，应当从轻或者减轻处罚。

5. 因不满十六周岁不予刑事处罚的，责令他的家长或者监护人加以管教，必要的时候，也可以由政府收容教养。

在牢狱中度过宝贵的青春多么可惜！而且，这段生活将会对他们未来的生活有着不可磨灭的影响。

欺凌者会受到法律的严惩，也会使得朋友一个个远离他，因为没人喜欢被刻薄对待，被凌辱。而且，有时候，欺凌者留给其他人的坏印象，可能会给自己带来一些麻烦。试想一下，如果一个同学经常欺负他人，一旦有类似事情发生，大家怎么可能不会想到他？被人误解的滋味可不好受。

有的同学可能还会抱着另一种侥幸心理，觉得自己不到14周岁，不负刑事责任，但你的父母需要替你承担民事责任，给予赔偿。而且，即使没有达到刑事责任

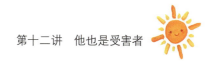

年龄，也有可能因为违反了《中华人民共和国治安管理处罚法》而受到治安处罚。公安机关会责令你的父母对你加以管教。必要时，政府会对你进行收容教养。

不仅如此，欺凌行为和刑事犯罪之间存在着密切关系，成为欺凌者的你更容易实施犯罪。瑞典曾经对学生的欺凌行为以及未来的犯罪行为之间的关系做过调查，六年级到九年级期间实施欺凌行为的男孩中，有60%的人会在24岁之前至少有一次刑事犯罪。此外，这些欺凌者中，有40%的人在24岁之前有超过三次刑事犯罪。

在《基因革命》一书中，神经遗传病学和进化医学博士沙伦·莫勒穆用一个科学实验告诉我们，童年那些不愉快经历能够改变我们的基因。

研究显示：对未成年人而言，欺凌的经历不只是造成自我伤害倾向的一种风险，它确实改变了基因机制，重塑了我们的生活方式，并很有可能会遗传给后代。就算你会忘记欺凌的经历，但你的基因会一直记得。

科学家们还发现，在胚胎发育中，的确存在遗传易感性通道。在那个时间框架内，人类对于创伤性的遗传并不是免疫的。在我们身上的基因，不仅是我们自身人生经历的总和，也带有父母和祖先经历过的每个事件的印记，你的心理问题很可能是从父辈那里继承来的。同时，我们还将把自己身上的欢愉和痛苦传给下一代……

欺凌者，他也是欺凌行为的受害者啊。

亲爱的同学们：

你在学校欺凌过别人吗？如果做过这样的事情，想一想：那一刻自己的内心是什么想法？到底发生了什么让你做了类似的事情？做过之后有没有后悔？有没有对被欺凌的同学道歉？

也许你会说，那一刻我很愤怒，我没有控制好自己的情绪；我喜欢支配别人，当别人不听我支配的时候，我生气了；也许你会说，我成绩好，我家庭条件好，我高高在上，我有资格欺负他；也许你会说，我没办法，我是为了帮朋友；也许你还会说，没人关注我，这样可以引起大家对我的关注……

的确，不会处理愤怒情绪的同学，当遇到事情时，容易导致欺凌行为的发生；也有的同学确实是在寻求关注。曾经有一个同学在日记中写道："我又一次欺负了一个女同学。我故意揪她的小辫子，把她揪得嗷嗷叫。老师终于把爸爸叫来了学校。我被爸爸大骂一通。我很高兴，爸爸现在不天天在外面喝酒了，我赢得了爸爸的关注，虽然我也知道自己的做法不地道。"

不管怎样，人人生而平等，心情不好、哥们义气等都不能成为你欺凌他人的理由。

如果你没有欺凌过他人，也请你审视一下那些欺凌者，看看他们身上缺失了什么，他们这么做的心理需求是什么，想想如何才能帮助他们。

也许你会发现，那个欺凌者曾经遭受过别人的欺凌，他是在把自己受到的巨大压力转嫁到别人身上；你还会发现，那个欺凌者结交了一群不良的人员，"近朱者赤，近墨者黑"啊；也许你还会发现，那个欺凌者正在遭受着家庭暴力，他的爸爸经常打骂他，于是，他就学会了用这种方式解决问题。

那个也曾遭受暴力的欺凌者需要爱，那个跟不良人员交往的欺凌者需要一个真正的榜样啊。

你曾经是一个旁观者吗？旁观的你当时又是如何做的呢？有没有采取恰当的方式阻止欺凌的发生和继续呢？

生活中，有时候会出现一群好人欺负一个好人的现象，即"黑羊效应"。在这个效应中有三种角色，无助的黑羊也就是受害者，他没有做错什么，有时候常常什么也没做，就无辜遭受到周围人群的攻击。大家如此做，就因为他是焦虑人群中的一个牺牲者，是大众情绪下的无辜受害者。持刀的屠夫即加害者，他不清楚发生了什么事，只觉得跟着大家一起对某个人做某些事很有趣，根本意识不到自己做了坏事。冷漠的白羊也就是旁观者，他目睹部分或全部过程，却没采取任何行动。

这些角色看似与你无关，也许你正是其中之一。

学校中，我们每个人都有责任为营造一个安全、充满爱的环境而努力。

如果你很容易因为一件事情愤怒，控制不住自己的情绪，容易冲动，习惯用暴力的方式解决问题，那么你就需要学习如何控制情绪，找到排解不良情绪的方法。你可以给朋友打电话，参加体育运动，去郊外散步，听音乐，画画，让情绪平复下来，然后平静地思考如何应对眼前的局面。

恃强凌弱不是真正的强者。一个真正的强者，必定是一个正直、善良、勇敢、自信的人；一个真正的强者，应该如马克·吐温所说永远只做正确的事情。

做真正的强者还意味着对自己的行为承担责任。向被你欺凌、受你不公正对待的人道歉。虽然这无法改变你已经做过的事情，但它会帮助你改善自己的行为，也会帮助到被你伤害的人，让他们不至于太难过。

每个人都会犯错误，也许你意识到了自己的欺凌行为给他人造成了痛苦，但是你却不知道怎么样来改变自己。你可以向老师、家长或者是学校的心理老师请求帮助，让他们提供建议，协助你做出改变。

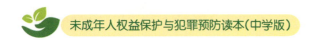

实践 活动

1. 你旁观过同学间的欺凌行为吗？当时你是怎么做的？其他人又是怎么做的？现在的你如何看待自己那天的行为？

2. 在你所在的学校发起一场"拒绝欺凌"的活动，设计一个简单的活动方案。

课外 加油站

被自己的一句玩笑给害死的国君

历史上有这么一位君主，因为他的玩笑开错了对象和场合，被自己所戏弄的大臣杀死！

宋闵公，子姓，名捷，商王朝后裔。宋闵公八年，鲁庄公在乘丘打败了齐国和宋国的军队，并且生擒了宋国猛将南宫长万。

不久，宋发大水，鲁庄公怜悯宋国，便派使者前去慰问。宋闵公也派人前来道谢，并请求放回南宫长万，鲁庄公也爽快地答应。

宋闵公这人没有别的爱好，就爱拿人调侃，尤其是自己身边的宠臣。平时南宫长万和宋闵公走得很近，他就成了宋闵公经常拿来消遣的对象。

南宫长万回到宋国后，进宫谢恩之时，宋闵公就戏弄他道："先前，你那么的勇猛，攻无不克，战无不胜，我很敬重你。现在，要不是我，你小子还是鲁国监狱里的一名囚犯呢。我是看你可怜才救你出来，从今往后我都会看不起你的！"说完，还故意用眼鄙视了他一下。

南宫长万脸色通红，羞涩地退下。这时，大夫仇牧上前劝说宋闵公，玩笑不要开得太大了，避免因此引发不必要的事端。宋闵公拍了拍他的膀子笑道："我和南宫将军经常开玩笑，大夫请放心，南宫将军不会生气的！"

后来，宋闵公要与南宫长万比试下棋，而且规定，谁输了就罚谁酒。下棋是宋闵公的长项，南宫长万的棋艺可就"臭"得很。

一会儿，南宫长万就已经连输了五局，被罚五杯，有了八九分醉意。对于自己的失败，南宫长万是相当不服气的，反复请求再下两局。然而，宋闵公不仅没有给他这一机会，反而讥笑他道："你这囚犯就是常败将军，输了那么多次了，怎么还要与我下棋？"

听到"囚犯"二字，南宫长万羞愤不已，这是为将之人最不能够忍受的耻辱，这简直比杀了他都要难受。正所谓："士可杀不可辱。"

就在这时，内侍来报，周庄王丧，新任周天子继位。南宫长万想要借机立功，摆脱自己囚徒、败将的恶名，于是便上前请命。

宋闵公依然没有放过嘲笑他的机会，于是回身轻笑道："难道宋国无人吗？要让你这个囚犯来当使者？"与此同时，话音还没落地，宋闵公身边的侍从们也都不约而同地捧腹大笑。

此时，南宫长万醉意更甚，什么也不顾了，指着宋闵公的鼻子就大骂了起来，

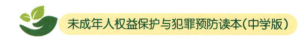

而且表示自己这个囚犯也能杀人，逼急了自己连他这个国君也照杀不误！

宋闵公想，只不过是玩笑而已！他也怒了，对着南宫长万也吼了起来，还去抢南宫长万的长戟，想用长戟来杀南宫长万。

面对生死危机，南宫长万双手举起棋盘，用尽全身的力气把宋闵公砸倒在地。又攥起双拳，骑在宋闵公的身上对着他的脸部猛击了数十拳，一直到宋闵公浑身瘫软，一动不动为止。

可怜一代国君就这样死在自己的玩笑之中！

(摘编自 http://liuyanbinlishi.blogchina.com/2467370.html)

第十三讲　网络不是安全岛

　　电影《搜索》讲述了这样一个故事：叶蓝秋是一个美丽的女子，是上海万千白领中的一个，每天都打扮精致地去上班。别人都羡慕她光鲜亮丽的生活。然而，事事不都是顺心如意的。在一次体检中，她被查出患有淋巴癌。这突如其来的噩耗给了她沉重的打击。体检完之后坐公交车回家时，叶蓝秋看着窗外。窗外的一切仿佛都不真实，她感到无比孤独和无助。就在这时，一个老人上了公交车。乘务员提醒叶蓝秋应该站起来，把座位让给老人。叶蓝秋刚刚得知自己的病情，心情低落，不想给老人让座。乘务员再三要求叶蓝秋站起来，把座位让给老人。叶蓝秋不耐烦地指了指自己的腿，然后对老人说："要坐就坐在我的腿上吧！"然而这一幕被公交车上的其他乘客用手机拍了下来，并把这段视频放到了网上。之后的三个月里，网络沸腾，叶蓝秋成为众矢之的。网友纷纷在网上指责叶蓝秋不懂礼貌，不知尊老爱幼。甚至有网友运用"人肉搜索"将其及家人的个人信息，包括姓名、照片、住址以及身份证信息和工作单位等全部披露。叶蓝秋不断收到恐吓邮件，在网上被"通缉""追杀"、围攻、谩骂、威胁，还被原单位辞退……

叶蓝秋最终承受不住舆论的压力而自杀了。

叶蓝秋本来对生活充满热爱和向往，然而突如其来的一场病魔摧毁了她的信心，加之公交车不让座事件让她成为网络热点，生活如同与她开了个玩笑：一切都变了。在这个城市，她没有亲人，没有朋友。最终，她用结束生命来逃离这一切。

如今的社会是法治社会，让我们从法律的角度来看看叶蓝秋的这起事件。

《中华人民共和国宪法》第三十八条规定，中华人民共和国公民的人格尊严不受侵犯。禁止用任何方法对公民进行侮辱、诽谤和诬告陷害。

《中华人民共和国刑法》将网络传谣、泄露个人信息等行为正式入刑。编造虚假的险情、疫情、灾情、警情，在信息网络或其他媒体上传播，或明知是上述虚假信息，故意在信息网络或其他媒体上传播，严重扰乱社会秩序的，处三年以下有期徒刑、拘役或者管制；造成严重后果的，处三年以上七年以下有期徒刑。

《中华人民共和国刑法》还规定，以暴力或者其他方法公然侮辱他人或者捏造事实诽谤他人，情节严重的，处三年以下有期徒刑、拘役、管制或者剥夺政治权利。

在叶蓝秋事件里，网友对叶蓝秋进行"人肉搜索"，并且将叶蓝秋的姓名、照片、住址以及身份证信息和工作单位等全部披露，严重侵犯了叶蓝秋的隐私权。一些网友对叶蓝秋的"不让座"事件添油加醋，恶意曲解，在网上发表恶意评论，侵犯了她的名誉权。甚至一些网友根据从网上"人肉"出来的叶蓝秋的家庭住址，到叶蓝秋的家里威胁恐吓她，更是威胁到叶蓝秋的人身安全。

网络是把双刃剑，使用得当，能够救人于水火之中；使用不当，也会是一把杀人不见血的刀。

网络不是安全岛，网络违法犯罪的事情比比皆是。

一名20岁的在校大学生傅某某在网上看到有关地震的帖文后，便在某贴吧发布一篇题为《要命的进来》帖文："我爸的一个朋友，国家地震观测站的，打电话说要发生七级地震，大约是90%的概率。愿大家好运！这绝对权威！"2010年2月20日至21日，这条关于山西一些地区要发生地震的消息通过短信、网络等渠道疯狂传播。并且在太原打工的韩某某出于玩笑，以"10086"名义发送"地震局公告：今晚8时太原要地震，请大家不要传阅，做好预防工作，尽量减少人员伤亡"的信息。

由于听信"地震"传言，山西太原、晋中、长治、晋城、吕梁、阳泉六地几十个县市数百万群众2月20日凌晨开始走上街头"躲避地震"，山西地震官网一度瘫痪。

21日上午，山西省地震局发出公告辟谣。山西省公安机关立即对谣言来源展开调查，后查明造谣者共5人，并对涉案人员依法行政拘留。

《中华人民共和国治安管理处罚法》第二十五条规定："有下列行为之一的，处五日以上十日以下拘留，可以并处五百元以下罚款；情节较轻的，处五日以下拘留或者五百元以下罚款：（一）散布谣言，谎报险情、疫情、警情或者以其他方法故意扰乱公共秩序的；（二）投放虚假的爆炸性、毒害性、放射性、腐蚀性物质或者传染病病原体等危险物质扰乱公共秩序的；（三）扬言实施放火、爆炸、投放危险物质扰乱公共秩序的。"

同学们，我们在面对网络信息时，一定要镇定从容地分析。

"谣言止于智者。"作为当今社会的一名学生，我们要做到"智"，要提高自己辨别谣言的本领，不要人云亦云，不要成为谣言的传播者。面对来自网络的消息，要多加分析，尽可能地求证，不要把自己拿不准的消息轻易散播出去。同学们，我们不仅要做到不造谣、不信谣、不传谣，更要利用自己的知识、信息优势及人脉关系等主动参与打破谣言的行动。

同学们，通过叶蓝秋和地震谣言的事例我们知道，我们时刻都应为我们自己的言行负责，无论是在现实生活中还是在虚拟世界中。

有的同学与其他同学有矛盾，便在网上随意散布其他同学的谣言，骂人、挑拨

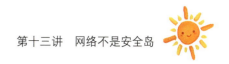

离间、欺凌他人。这也是会触犯法律的。

首先，应承担行政责任。按照《计算机信息网络国际联网安全保护管理办法》第二十条的规定，对网上骂人者，将由相应机关给予警告，有违法所得的，没收违法所得，对个人可以并处五千元以下的罚款；构成违反治安管理行为的，依照《中华人民共和国治安管理处罚法》的规定处罚；构成犯罪的，依法追究刑事责任。

其次，应承担民事责任。《中华人民共和国民法典》第一千零二十四条规定，民事主体享有名誉权。网上骂人实际上仍然属于一般侵权行为，只不过侵权的方式和载体比较特殊而已。由于网络的高度开放性及网上言论的随意性，其对社会的巨大影响不可低估。在网上辱骂他人，对他人名誉带来的损害有时比日常生活中辱骂他人更加严重。因此，利用互联网辱骂他人，应依法承担民事责任。

再次，如果在网上公然侮辱他人，情节严重的，还可能构成侮辱罪而承担刑事责任。按照《中华人民共和国刑法》的有关规定，侮辱罪是指以暴力或者其他方法，公然贬低他人人格，毁坏他人名誉，情节严重的行为。公然侮辱他人或者捏造事实诽谤他人，情节严重的，处三年以下有期徒刑、拘役、管制或者剥夺政治权利。

网络能造就人才，也能诱使对事物辨别能力差的人走向无底深渊。作为新时代的青少年，我们要擦亮自己的眼睛，看清网络违法犯罪分子的真实面目，同时也要自觉遵纪守法，做文明的网民。

亲爱的同学们：

接下来，就让我们一起来聊聊面对网络欺凌或他人通过网络侵犯我们的隐私时该如何保护自己。

第一，要学会保存证据。网络欺凌总会留下某些证据，比如我们通过QQ、微信聊天，会留下聊天记录，而这些聊天记录就是我们反击网络欺凌强有力的证据。因此，我们一定要控制住删除它们的冲动，保存这些短信、电子邮件、聊天记录等，或者进行截图、下载、打印相关内容，尽可能详细地保存证据。

如果你在课上因为一点小事和你的同桌发生了争执，你的同桌在网上散布你的谣言，你便可以告诉老师。如果你的同桌矢口否认，你便可以拿出他在网上散布谣言的短信或图片，让他给你赔礼道歉并删除留言，甚至依法做出赔偿。

第二，忽略不理或者屏蔽他。面对网络上让你难过的人，你可以不理他，或利用技术手段屏蔽他。通常情况下，别人欺负你，你越生气，他越兴奋，就会越喜欢这么做。所以我们要记住，让你伤心、抓狂的人并不是你真正的朋友，他们根本不值得你去关注。当你忽略他的时候，他感觉无趣，时间一长，这事情就过去了。比如，某中学学生李云，总是在微信上收到同学小天发的让人讨厌的消息，让她无法专心学习。后来，无论小天发什么、问什么，李云都避而不答，并且删除小天的微信好友。时间一长，小天觉得没意思，便不再骚扰李云。

第三，不要沉默。当你受到网络欺凌时，不要害怕，要主动告诉老师、家长。在老师和家长的帮助下，让欺凌者受到法律的制裁。比如，马涛（化名）告诉好朋友小艾有人在网上侮辱自己，小艾不以为然。马涛又找到了文娟。文娟很耐心地听马涛诉说，安慰马涛，还和马涛一起去告诉了老师。老师批评了那个人并让他跟马涛道歉，还告诉马涛：不要让别人控制你自己的生活，要勇敢自信地做好自己。马涛觉得老师说得很有道理，他不再伤心，也不再为此费神，不再怕网络暴力。

第四，保护自己的上网密码。比如，混合使用数字、大小写字母和非字母字符，并且一个密码最好不要长期使用，要养成定期改密码的习惯。

保护好自己的隐私对避免网络侵权来说至关重要。或许我们无法堵住所有人的嘴，让所有人都遵守法律条文，文明上网，但我们可以先从自己入手，保护好自己的隐私，遵守网络文明，不让坏人有可乘之机。

实践活动

1. 在学校体育馆更衣室里，你发现小东偷拍了小曲换衣服时的照片，还听到小东对另一个人说，要把小曲的照片发到微信朋友圈里。你打算怎么做？

2. 下面三段文字是三个初中生遭受网络欺凌时的感受：

A. 我感觉自己在世界上非常孤独。那段时间，我天天哭着入睡，老是做噩梦被惊醒。

B. 网上的谩骂让我感觉自己毫无价值，我的学习成绩开始下降，我开始自暴自弃。

C. 我刚贴出自己的照片，大家就说我是"丑女孩"，丑得不该走在大街上。那一刻，我真希望自己立马消失。

体会一下当事人的感受，思考一下网络欺凌给他人造成的伤害，想一想自己应该怎么做。

"网　红"

　　"网红"是"网络红人"一词的简称，原来是指一些因独特的外貌或特殊的言行在网络上走红的人群，如"芙蓉姐姐""凤姐"等。而在网络社交媒体发展到令人咋舌的今天，则泛指一切主要通过网络获取和维系声名的人。

　　不可否认，"网红"的产生满足了各阶层自我表达的需要。据人类心理行为学分析，大部分人在内心潜意识中都希望自己是世界的主角，能够受到更多的外界关注。而互联网这个公共平台恰好给了大众这样一个机会。于是，很多人选择通过成为"网红"来展示自己也就顺理成章了。

　　但是，随着"网红"越来越多乃至走向产业化发展，一些"网红"刻意模仿他人、言行哗众取宠所引发的负面效应格外引人关注。特别是目前弥漫于整个"网红"界且有愈演愈烈之势的庸俗、低俗和媚俗之风更是需要警惕。在"网红"世界里，有通过恶意搞怪、夸大事实等方式来炒红自己的，也有通过传播色情、暴力等影像来博取关注的，更有甚者，还有在自媒体平台上发布一些可以刺激舆论"兴奋点"的言论、妄图"一举成名天下知"的。

　　实际上，健康向上、积极传播正能量、具有自身特色乃至各种专业技巧的网络主播，更容易成为真正的"网红"，被网友所称道。这也是网络直播产业发展的大势所趋。互联网的诞生和发展为创新创造提供了无尽的广阔空间，由"互联网+"而出现的新兴产业正在以锐不可当的势头冲击着人们的传统观念和传统产业市场。在逼迫人们的思维不得不随之转变与更新的同时，势必会有更多人趋之若鹜争当"网红"，也不可避免会出现有违道德和法律底线的"创新创造"，尤其是在现有法律制度对"网红"还存在规范和制约不足的环境下，"网红"的社会颜色还很难"鲜艳"。因此，全社会在拒绝和抵制谴责低俗"网红"的同时，更应当对传播正能量和一些专业技能的主播给予更多的呵护和支持。

当越来越多的健康和颜色鲜亮的"网红"占据直播平台时，低俗"网红"才会失去生存的土壤和空间，网络直播平台乃至"网红"经济才能够得到长久的可持续的健康的发展。

青少年在网络这个虚拟世界里一定要擦亮自己的双眼，不但要在网络上保护好自己的隐私，还要识别是非对错。

（摘编自 http：//pinglun.youth.cn/wztt/201608/t20160821_8573578.htm

http：//bbs1.people.com.cn/post/1/1/2/158121854.html）

第十四讲　你离犯罪只有一步之遥

案例一：

胡某，16周岁，在网吧里玩一种在网上用刀暴力捅人的游戏。由于技术欠佳，胡某每次都被别的玩家用刀"捅倒"。而坐在一旁的同龄少年丁某也在玩同一种游戏，他忍不住对胡某冷嘲热讽了几句。在网上杀红了眼的胡某当即火冒三丈，抽出自己携带的管制刀具，捅向丁某的胸口，导致他当场死亡。

随后，胡某居然坐回电脑前，依旧沉迷在暴力游戏中。直到警方赶到现场，胡某才惊醒："我是不是杀死人了？会不会坐牢？"

胡某因故意伤害罪致人死亡被人民法院依法判处有期徒刑10年，其青春里的大好年华都将在囹圄中度过。

案例二：

小王与小顾是初三同学。一天，二人发生口角，小王打了小顾一下后扬长而去。不想，小顾当晚就约了几个哥们找到小王家，要给小王一点颜色看看。

由于小王一家人不在家，他们就在外面砸门吵闹。

小王知道后，第二天连续三次找到小魏帮忙。小魏自认为是小兄弟的头，认为欺侮他小兄弟就是给他小魏难看，所以一口答应。小魏又叫了另外一个朋友，准备了一把长砍刀，在校门口等候。

小顾放学后刚出校门，小魏上去对准小顾的头就是一刀。

小顾经抢救虽脱离危险，但颅骨骨折，构成九级伤残。

小魏已满14周岁，把人砍成重伤该负刑事责任。他家境贫寒，母亲体弱，其母为了请律师，到处奔走，劳累、忧郁成疾。在小魏被判刑后，他的母亲一病不起，撒手人寰。

小魏的父亲说："不争气的儿子一刀下去，活活逼去了他母亲的命，弄得我家破人亡。"

小王是独生子，案发后，他的家庭要承担聘请律师、经济赔偿等难以承受的负担。案发前正值小王初中毕业刚参加完中考。在他进监狱的时候，重点高中的录取通知书也寄到了家中。

小顾也是独生子，受害致残，今后该怎么办？他的父母整日以泪洗面。

小魏的一刀毁了三个家。

法律讲堂

原本生活幸福的少年，一个将网络上的打打杀杀变成了生活中的暴力事件，一个因为自居为老大，为了所谓的"面子""江湖义气"而毁了三个家庭。他们使用的凶器都是管制刀具。

所谓管制刀具，根据《公安部队部分刀具实行管制的暂行规定》第二条规定，包括匕首、三棱刀（包括机械加工用的三棱刮刀）、带有自锁装置的弹簧刀（跳刀）以及其他类似的单刀、双刃刀、三棱刀。

《中华人民共和国治安管理处罚法》规定，对于非法携带管制刀具的人，即使其未造成任何后果，也要给予治安处罚。

所谓携带，是指随身佩带、夹带或手中握持。所谓非法，是指违反有关法律规定而携带，即依法不能携带上述物品进入公共场所或交通工具而仍决意携带等。

携带管制刀具会对社会秩序和公共安全造成严重的威胁。青少年容易情绪不稳，易冲动，自控力差，因此，青少年携带管制刀具更容易对社会秩序和他人的人身安全构成威胁。

案例一中的胡某，并非是有预谋、有准备的犯罪，是激情犯罪。胡某事先并没有特定的目标及作案动机，仅仅因为丁某对他的冷嘲热讽，让他控制不了自己的暴怒，一时冲动，丧失理智，犯罪是在瞬间突然发生的。

从犯罪的起因分析，激情犯罪多数是因为被害人的语言、行为不当所引起的。

在犯罪过程中，许多被害人都负有一定的责任。而且，由于青少年在情感上变化多端，容易急躁、激动，好感情用事，情绪不稳定，对一些社会现象和个人行为往往难以做出正确的理解和判断，极容易因一件小事产生激情而导致犯罪。

通常情况下，激情犯罪的后果非常严重，有的直接造成被害人重伤或死亡，多为恶性犯罪，给社会造成较大危害。在激情犯罪案件中，属杀人、抢劫、伤害、强奸等恶性犯罪的占多数。

> 《中华人民共和国治安管理处罚法》第三十二条规定："非法携带枪支、弹药或者弩、匕首等国家规定的管制器具的，处五日以下拘留，可以并处五百元以下的罚款；情节较轻的处警告或者二百元以下罚款。非法携带枪支、弹药或者弩、匕首等国家规定的管制器具进入公共场所或者公共交通工具的，处五日以上十日以下拘留，可以并处五百元以下罚款。"
>
> 《中华人民共和国刑法》第十七条规定："已满十六周岁的人犯罪，应当负刑事责任。
>
> 已满十四周岁不满十六周岁的人，犯故意杀人、故意伤害致人重伤或者死亡、强奸、抢劫、贩卖毒品、放火、爆炸、投放危险物质罪的，应当负刑事责任。
>
> 已满十四周岁不满十八周岁的人犯罪，应当从轻或者减轻处罚。
>
> 因不满十六周岁不予刑事处罚的，责令他的家长或监护人加以管教；在必要的时候，也可以由政府收容教养。"

案例中的胡某和小魏均已年满14周岁，用管制刀具故意伤害致人死亡或者重伤，应该负刑事责任。

从上面的法律条文中我们可以看出，法律对于未成年人犯罪是基于挽救和教育的原则来施行的。未满14周岁的未成年人犯罪不承担刑事责任；已满14周岁未满16周岁的未成年人只对8种较为严重的犯罪承担刑事责任；已满16周岁的人对所犯的所有罪行承担刑事责任。

在这里需要提醒大家的是：青少年在恋爱中如果不慎发生性关系，若女方小于14周岁，不管对方是否自愿，都属强奸行为。

2012年6月，16周岁男孩吴某与12周岁的女孩小艳（化名）通过互联网认识，二人发展成为男女朋友关系。

此后，小艳偷取家中的户口簿，到北京与吴某见面。在其见面的两天内，吴某在明知小艳为不满14周岁幼女的情况下仍持本人身份证带领持有户口簿的小艳在连锁酒店入住，并与小艳发生性关系。最终，吴某因犯强奸罪被北京市朝阳区人民法院判处有期徒刑一年六个月。

未满14周岁的幼女不具备明辨是非的能力，没有主观上的行为决定权。对此法律规定，行为人明知是不满14周岁的幼女而与其发生性关系，不论幼女是否自愿，均应依照《中华人民共和国刑法》第二百三十六条第二款的规定，以强奸罪定罪处罚；行为人确实不知对方是不满14周岁的幼女，双方自愿发生性关系，未造成严重后果，情节显著轻微的，不认为是犯罪。

总之，作为青少年的我们应该做一名明智的守法者，遇事不能冲动，更不能因一念之差导致犯罪。

亲爱的同学们：

　　生活中美好的事物强烈地吸引着我们，激励着我们去追寻；也有一些不良事物不同程度地诱惑着我们，影响着我们的健康成长。由于我们的生活阅历和经验有限，辨识能力不强，易受不良社会环境的影响，如不及时提高认知能力，严格要求自己，就有可能滑向违法犯罪的深渊。

　　有的同学因为不知法，不懂法，法律意识淡薄，最终酿成苦果，后悔莫及。例如，北方某市抓获一个犯罪团伙，年龄最大的16周岁，最小的12周岁。其中一名14周岁的少年绑架一名6岁男孩后，向男孩父母索要巨款。他被抓获后，警方问他为何要绑架这名儿童。他说，我是模仿录像中的黑社会老大。

　　还有一部分同学走向违法犯罪的道路是因为交友不慎。结交一个好朋友，可以一生受益；交上一个坏朋友，可能使自己的一生都暗淡无光。我们的心智还不够成熟，认知能力和辨别能力较弱，容易感情用事，一旦误交损友，长时间和具有不良行为的人接触，就极有可能受其影响或唆使而失足。"近朱者赤，近墨者黑。"同学们在交友时一定要擦亮双眼，慎之又慎。如果朋友中有品德不良、行为不轨者，应立即与其断绝往来。

　　黎某已满16周岁。一日，他听说珠海西部一中学女生李某（女，15周岁）背后说他的坏话，遂怀恨在心。后来，黎某指使该校另一个15周岁的女生朱某在某酒吧附近带人"修理"了李某。

　　随后，李某打电话向其哥哥求助，告知自己被打了。她哥哥遂约上16周岁男生郭某等人助阵，于当天赶到妹妹挨打的某酒吧对面的公园里，找黎某等人讨回公道。

一言不合，双方随即展开对骂，最终升级为"对殴"。黎某叫来几个人持钢管、砖头与对方打斗起来，16周岁的郭某被打伤。黎某等人准备离去时，见郭某仍旧在骂，其中一人又转身捡起钢管朝郭某打了几下。后经鉴定，郭某头部伤口累计长13厘米，左手第3、4、5掌骨骨折，所受损伤为轻伤。

最终，法院以故意伤害罪分别判处参与打人的黎某等5人有期徒刑7个月和拘役、缓刑。还有一名参与斗殴的成员因未满16周岁，被处以治安处罚。

大家一定要把好交友关，结交良友，远离损友，以免因交友不慎导致犯罪。

作家柳青曾经说过："人生的道路虽然漫长，紧要处却常常只有几步。"青少年们一定要自觉遵守法律法规，遵守社会公德，抵制不良行为。预防犯罪，从自我做起。

实践
活动

1. 课间休息，你发现同班一群同学在偷偷地拿着弹簧刀摆弄，一直在说要如何防身，并且也让你去学校附近的商店买一把。你该怎么办？

2. 好朋友最近痴迷上了网络上的暴力游戏，脾气也大了。一天下午放学，他让你一起去跟曾经有过口角的同学"理论理论"，还说不去就不是哥们。你该怎么办？

一言不合的激情犯罪，你可曾想过后果

2016年1月14日，虎门大宁发生一宗命案。受害人刘某与犯罪嫌疑人钟某等人发生口角争执，继而发生打斗。其间，钟某持刀将刘某刺伤，刘某经医院抢救无效死亡。

1月16日17时许，虎门警方将犯罪嫌疑人钟某抓获，并当场缴获作案工具匕首一把。

经审讯，钟某对其故意伤害他人致死的犯罪事实供认不讳。事后，犯罪嫌疑人钟某已被虎门警方依法刑事拘留。

犯罪嫌疑人钟某和事主刘某，两人以前是同厂务工的同事。其间，两人发生了一些矛盾，因此约定1月14日在虎门大宁社区某路段谈判协商。从这点来看，双方在解决矛盾的初期是理性冷静的，但是又都做了谈不拢的打算：刘某约集了其他三个朋友一同前去，钟某则带了刀。随后，双方在谈判期间发生了争执，继而发生打斗。钟某持刀将刘某刺伤后逃跑。

不难看出，这属于一言不合的激情犯罪。

从近几年的命案分析看，命案的发生不再是因为双方有什么大的仇恨，大部分是由于日常生活中发生的一些小纠纷，在处理纠纷时不够克制、不够冷静，一时冲动之下激情犯罪。

这类案件主要集中在年轻群体之间，主要的诱因也是一些生活琐事。比如，同厂务工的工友之间，同住出租屋的邻里之间，因为处事方式、生活细节、利益竞争等原因产生纠纷，矛盾激化到一定程度形成积怨，再由于一点小事成为诱因，发生口角、争执，最终导致命案的发生。

如何预防激情犯罪呢？

1. 莫冲动，遇事要冷静。

生活中小事引发的纠纷，可通过所在单位或居民委员会、村民委员会来解决，甚至可以通过双方开诚布公的讨论、谈判的方式来解决，切不可一时冲动。当然，年轻人气盛，社会经验不足，做到冷静处理问题较为困难，但是处理问题的底线是不能通过违法的方式来解决，更不能以伤害他人生命的方式来解决日常纠纷。

2. 要懂法，思量是否能够承担相应的法律后果。

之所以产生一时冲动的行为，还有一个重要的原因就是不懂法。"无知者无畏"，当事人对自己的行为是否违法，需要承担怎样的法律后果，没有做到心中有数。那么，规范自己的行为，知法、懂法、用法，养成在法律规定的范围内解决问题的习惯是最重要的。

3. 会减压，丰富自己的生活。

在日常生活中要适当调整自己的心态，多参与一些有意义的社会活动，增加自己生活的多样性。

可以通过积极参与志愿者活动增加自身的社会建设参与度，让自己的日常生活有益于他人，奉献社会的同时丰富自己的生活，调整自己的心态，为自己减压。

普法课堂：

《中华人民共和国刑法》第二百三十四条之规定：

"故意伤害他人身体的，处三年以下有期徒刑、拘役或者管制。

犯前款罪，致人重伤的，处三年以上十年以下有期徒刑。

致人死亡或者以特别残忍的手段致人重伤造成严重残疾的，处十年以上有期徒刑、无期徒刑或者死刑。本法另有规定的，依照规定。"

第十五讲 我该请谁保护我

　　14岁的小芳最近很苦恼！刚刚升入初二，加了物理这门课，小芳非常想学好，可常常力不从心。有时候，老师讲了半节课，小芳还听不明白。这还不是最重要的，常常听着听着，小芳耳旁就响起继母的抱怨声："一个女孩子多读书有什么用？最终还不是得嫁人？能认识自己的名字就不错了！再说了，她又这么笨，成绩又不好！"

不是小芳不想学好！她放学回家哪有时间写作业、复习功课啊？继母不是让她去做饭，就是让她照看弟弟，吃完晚饭她还得刷碗、洗衣服。星期天还得下地干农活。有什么办法呢？弟弟小，爸爸又挣钱不多。

下课了，听着同学们的欢声笑语，特别是放学时看到别的同学爸爸妈妈来接的场景，小芳常常无声地流下眼泪。小芳心想：要不下个月我就不来上学了，出去打工吧！省得爸爸为难，继母整天抱怨，还常常在没人的时候打我。

同桌玲玲是个热心肠，发现了小芳的异常。经过询问，知道实情后的玲玲愤怒了！

"为什么不让你上学了？依法享有九年义务教育，是我们的基本权利，谁也不能剥夺！"

"可是，我来上学，回家也没时间写作业。总是学不好，也对不起老师和同学们！"小芳无奈地说。

"你没时间写作业，怎么能学好？政治课上老师不是说了：父母应当依法履行对未成年人监护的职责和抚养的义务，尊重未成年人受教育的权利，为未成年人的健康成长提供适宜的家庭环境。"

"他们就是这样，我有什么办法？"小芳还是不放心，有些担忧。

"咱们先和老师说。放学后，我和你去律师事务所问问去，不行咱就打市长热线求助。"玲玲有的是办法。

14岁的小芳过早地体会到了生活的艰辛，她本来应该像我们大多数同学一样无忧无虑地学习，可她整天忧心的是明天能否来学校学习，能否有时间写作业，更不

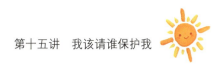

用说享受家庭的温暖了。

《中华人民共和国未成年人保护法》规定，未成年人享有生存权、发展权、受保护权、受教育权、参与权等权利，国家根据未成年人身心发展特点给予特殊、优先保护，保障未成年人的合法权益不受侵犯。未成年人不分性别、民族、种族、家庭财产状况、宗教信仰等，依法平等地享有权利。其中受教育权也是未成年人的义务。

尊重未成年人接受教育的权利，必须使适龄未成年人按照规定接受义务教育，不得使在校接受义务教育的未成年人辍学。不论由于何种原因导致未成年人失学或辍学，都是家长的失职，都在一定程度上侵犯了未成年人的合法权益。

所以，依法接受义务教育是小芳的权利。她的遭遇是值得同情的。让我们想一想有什么办法可以帮助她争回自己的权利。

小芳同桌的办法可行吗？找老师，找妇联，打市长热线，咨询律师，寻求法律保护，这些办法都是可行的！

《中华人民共和国未成年人保护法》第六条规定："保护未成年人，是国家机关、武装力量、政党、社会团体、企业事业组织、城乡基层群众性自治组织、未成年人的监护人和其他成年公民的共同责任。

对侵犯未成年人合法权益的行为，任何组织和个人都有权予以劝阻、制止或者向有关部门提出检举或者控告。

国家、社会、学校和家庭应当教育和帮助未成年人维护自己的合法权益，增强自我保护的意识和能力，增强社会责任感。"

小芳可以向班主任寻求帮助，让班主任以学校的名义和父母协商，保护其合法受教育的权利。因为法律规定，学校应当尊重未成年学生受教育的权利，关心、爱护学生，学校应当与未成年学生的父母或者其他监护人互相配合。

如果不能解决，小芳可以向政府有关部门（比如教育局等），有关社会团体（比如共产主义青年团、妇女联合会、工会、青年联合会、学生联合会、少年先锋队及其他有关的社会团体），人民调解委员会，劳动仲裁委员会等各方面反映问题，寻求帮助，以解决问题。这就是人们常用的维护合法权益的有效手段——非诉讼手段。

案例中，小芳打了市长热线，工作人员责成妇联和教育局协调解决。妇联的工作人员对小芳的家长晓之以理，动之以情，多次上门做了耐心仔细的说服教育工作。小芳的继母最终同意继续送小芳上学。小芳通过非诉讼手段维护了自己的合法权益。

如果继母拒不接受说服教育，小芳就要通过法律手段维护自己的权利，即采取诉讼手段，去打官司，以维护自己的合法权益。

法律是我们维护合法权益的最有力武器。可是，我们懂的法律知识不太多，很多法律知识和程序都不懂，我们又该怎么办？我们可以向哪些机构和组织寻求援助？

我们可以向下面有关单位及其工作人员寻求帮助。

法律服务所：能够帮助我们解释法律问题，代写文书，出主意，甚至替我们去解决涉及法律的问题等。

律师事务所：这里的律师能够回答我们的法律问题，替我们出主意、想办法，当顾问，处理法律事务，打官司，辩护等。

公证处：能够依据法律和事实证明合同、遗嘱、身份、学历、出生日期、婚姻状况等情况的真实性、合法性。

法律援助中心：法律援助中心是"弱者的保护神"。如果我们有经济困难，无力支付法律服务费，又需要通过打官司来讨回公道，我们就可以到法律援助中心请求援助。

亲爱的同学们：

经过前面的学习，我们了解到青少年的健康成长需要家庭、学校、社会和国家给予特殊的保护。但是，社会是很复杂的，现实生活中不尊重未成年人、侵犯未成年人合法权益的现象屡屡出现。因此，我们自己也应该增强自我保护意识，学会运用法律手段保护自己的合法权益。

大家已经了解了部分法律常识，但依法维权意识仍然比较匮乏，面对生活中发生的一些违法犯罪行为，通常不能做出正确的判断，也不能进行坚决有效的斗争。即使斗争了，也常常因为方法不当或盲目斗争，而使结果适得其反。那么，当自己的合法权益受到侵害时，我们应该怎样运用法律手段保护自己的合法权益呢？我们可以通过哪些方法和途径来维护自己的合法权益呢？

让我们通过学习了解获得帮助的方式和途径，树立自我保护意识，掌握自我保护的本领，防患于未然，我们的成长才能既健康又安全。

我们看一看以下几个案例：

案例一

初中学生小娅放学回家路上被一个流里流气的男青年截住。这个男青年先是要与她交朋友，后来又让她资助点儿钱。周围没人，跑不掉，又敌不过他，怎么办？小娅设法稳住歹徒，记住歹徒相貌，然后客气地说："交朋友可以，可我饿了，我们先去前面面馆吃个面吧？"

小青年一看小娅很好说话，便跟她进了面馆。小娅找准机会把正在端面的服务员撞个满怀，面撒了一地。服务员急了，一把拉住她。两人吵了起来，小娅找准机会让人帮忙打110报警。当警察赶到时，小娅松了一口气，小青年悻悻地走了。

当自己的人身安全受到伤害时，如何保护自己免受伤害，小娅的做法给了我们有益的启示。

同违法犯罪行为做斗争，是包括我们青少年在内的全体公民的责任。但是，违法犯罪分子往往是狡猾的、凶恶的。我们青少年与其做斗争时，既要勇敢，又要机智，特别是在双方力量对比悬殊的情况下，不要与其硬拼，而要讲究智斗，尽量避免不必要的伤亡，力求在保护自己的前提下，比较巧妙地或者借助社会力量将不法分子抓获。

当遇到危险时，想方设法拨打110，为自己设置一道"防火墙"。而且，110的出警记录、民警的证词还是以后打官司的有力证据。

什么情况下可以打110求助呢？

《110接处警工作规则》明确规定了110报警服务台接受电话报警、求助和投诉的范围。110受理求助的范围包括：发生溺水、坠楼、自杀等状况，需要公安机关紧急救助的；老人、儿童及智障人员、精神病患者等人员走失，需要公安机关在一定范围内帮助查找的；公民遇到危难，处于孤立无援状态的；涉及水、电、气、热等公共设施出现险情，威胁公共安全、工作、学习、生活秩序和自然人、法人及其他组织生命或者财产安全，需要公安机关先期紧急处置的；需要公安机关处理的其他紧急求助事项。

案例二

晓君自己到超市买了双运动鞋，谁料刚穿两天，鞋就开裂了。晓君拿着超市的小票，要求超市予以退换。超市负责人以鞋已穿脏为由，不给退换。晓君失望极了，回来跟同桌一说，同桌说："可以打12315消费者热线。"最后，在消费者协会的协调下，超市为晓君换了鞋子。

这里运用的方法就是协商或调解的非诉讼手段，这是我们维护合法权益常用的有效手段。即通过向政府有关部门、司法机关、社会团体等反映问题，寻求帮助，通过调解、仲裁等方式，解决争议、纠纷，维护自己的合法权益。当遇到的侵害程度较轻时，可以通过这种方法来解决。这样的方式省时、省力，可以避免一些不必要的时间和经济上的损失。

案例三

周末，小宇和同学骑自行车去看电影。到了电影院门口，他把自行车锁好放在电影院门前的存车处，并向看车的阿姨交了5角钱的存车费。看完电影去取车时，小宇发现车没有了。他问看车的阿姨，阿姨说不知道。小宇当即要求赔车，可是看车的阿姨却说她不承担赔车的责任。经过家长、影院工作人员协调后，看车阿姨依旧拒不赔偿。她认为仅仅收了小宇5角钱，怎可以赔偿上千元？

于是，小宇在家长的帮助下将看车人告上法庭。最后，法庭判决看车阿姨赔偿自行车。

当我们的合法权益受到侵害时，既不能忍气吞声，也不能私自报复，要用正确的合法的手段去维护。因为逆来顺受、忍气吞声就会纵容违法行为，私自报复打击、以牙还牙会给自己造成损害。唯一正确的选择就是运用法律武器维权。我们可以采取诉讼手段——打官司的方式，来维护自己的合法权益。

诉讼就是我们所说的打官司，它是由人民法院主持的有利害关系的人参与的处理纠纷的法律程序。

打官司（诉讼）这一维权方式，是维护我们合法权益的最正规、最权威、最有效的手段，是保护我们合法权益的最后屏障。打官司不仅可以维护自己的合法权益，而且也有利于对违法犯罪分子进行打击，有利于维护社会的稳定和发展。当我们的合法权益受到侵犯，必要时要勇敢地到法院状告侵权者，通过打官司讨回公道。

如果有经济困难，无力支付法律服务费用，又需要通过诉讼来讨回公道，我们

可以到法律援助中心申请法律援助。

总之,当自己的合法权益受到侵害时,我们要运用法律武器维护自己的合法权益,同违法犯罪行为做斗争;当国家、集体、他人的利益受到侵害时,我们也要加以维护,因为国家、集体、个人的利益是一致的,损害了它们的利益也就损害了我们自己的利益。

实践 活动

1. 法律是我们维护合法权益的最有力武器。可是,我们懂的法律知识不太多,又该怎么办?当我们的合法权益受到非法侵害时,我们可以向哪些机构和组织寻求援助?可以通过哪些途径维护自己受到侵害的合法权益?

2. 搜集依法维权的成功案例,总结它们的经验和方法,并与同学交流分享。

用法律维护权益

当合法权益受到损害时，法律是最强有力的救助手段。当我们的合法权益受到不法侵害时，法律可以通过调解、和解、诉讼及仲裁等多种方式实现对受害方的救助。

（一）法律帮助的主要方式和途径

法律服务、法律援助、非诉讼途径和诉讼途径。

非诉讼途径主要指：投诉、调解、裁决、仲裁、申诉等。

诉讼分为：①刑事诉讼；②民事诉讼；③行政诉讼。

诉讼是我们最权威、最有效、最正规和最终的维权途径。

刑事诉讼：指国家司法机关在当事人和其他诉讼参与人的参加下，依法揭露犯罪、证实犯罪、惩罚犯罪的活动。

民事诉讼：是人民法院在当事人和其他诉讼参与人的参加下，依法审理民事案件和解决民事纠纷的活动。

行政诉讼：指人民法院在双方当事人的参与下，依照司法诉讼程序解决行政争议案件的活动。

提供法律服务的机构：律师事务所、公证处、法律援助中心等。

（二）用法律维护合法权益的几种误区

1.维护合法权益可以采用任何方式。

点拨：这种观点是错误的，维护合法权益必须采取合法的方式方法。正确做法是：面对突发事件和侵害，我们应该尽自己所能，积极争取社会、学校、家庭等方面的保护；如果这些保护不能到位或未能生效，我们要用法律武器保护自己的合法权益。

2. 只要自己不违法，就不涉及打官司，诉讼就与自己无关。

点拨：这是一种片面的认识。这种观点错误地认为自己遵纪守法就会万事大吉，就会没有诉讼等烦扰。这种人把自己孤立起来，脱离社会思考和认识问题。

社会是复杂的，人不可能脱离社会而生存和发展。在人们相互交往的过程中，你的权利可能随时受到侵犯，这种可能性并不因人们是守法的公民而消失。当我们的权利受到侵害，又不能得到合理解决时，就要依靠法律，通过诉讼来解决。

（三）维护合法权益的主要途径

① 直接找侵权者交涉；

② 向有关管理部门申诉；

③ 运用法律武器进行自我保护。

青少年如何运用法律手段，维护自己的合法权益？

① 要学会求得法律服务机构的帮助。如寻求律师事务所、公证处、法律服务所等机构的帮助。

② 可以通过非诉讼途径解决，这是维护权益常用的有效手段。向政府部门、司法机关等反映问题，通过调解、仲裁等方式解决争议、纠纷。

③ 通过诉讼途径即打官司讨回公道，这是维护权益最正规、最权威、最有效的途径。有经济困难，还可以申请法律援助。

怎样运用法律同违法犯罪行为做斗争？

① 当遇到不法侵害时，我们要运用自己的智慧，采用灵活合法的方法，沉着应对。

② 当公安人员、司法人员向我们调查有关案情时，应该主动协助调查。

③ 当自己的亲友受到不法侵害而又不敢斗争时，应该对他们讲清危害，劝其及时报案；保护作案现场，保留证物等。

④ 只有人人敢于同违法犯罪做斗争，坏人坏事才会减少，社会正气才能得到弘扬。

（摘编自 http://www.docin.com/p-816353070.html）